Ilka Kirchhoff (Hg.)

# Religionsunterricht mit **Stationen**

Sekundarstufe I

Erarbeitet von
Ilka Schmid
Carina Gick
Ina Hobbie-Medeke
Ilka Kirchhoff
Stefan Scherr

Illustriert von
Rebecca Meyer

Vandenhoeck & Ruprecht

RUpraktisch sekundar

Die Bibeltexte sind zitiert nach:
Lutherbibel, revidierter Text 1984, durchgesehene Ausgabe in neuer Rechtschreibung,


Bibliographische Information der Deutschen Nationalbibliothek

Die Deutsche Nationalbibliothek verzeichnet diese Publikation in der Deutschen Nationalbibliografie; detaillierte bibliografische Daten sind im Internet über http://dnb.d-nb.de abrufbar.

ISBN 978-3-525-61023-7


Printed in Germany.
Satz: Daniela Weiland, Göttingen
Druck und Bindung: ® Hubert & Co, Göttingen

Gedruckt auf alterungsbeständigem Papier.

# Inhalt

# I. Einführung

## Stationenlernen

An Stationen – in der Regel sind das Tische im Klassenraum – werden Aufgaben gestellt, die die Schülerinnen und Schüler (= Sch.) in Eigenregie bearbeiten. Diese Aufgaben gehören zu einem gemeinsamen inhaltlichen Komplex, sind aber so portioniert, dass sie unabhängig voneinander gelöst werden können, möglichst auch in beliebiger Reihenfolge. In der Zusammenschau der Stationen sollte sich aus den Einzelergebnissen ein geschlossenes Bild ergeben.

### *Weshalb Stationenlernen?*

Es hat sich herausgestellt, dass Schülerinnen und Schüler viel lieber lernen, wenn sie selbst entscheiden dürfen, was sie wann und wo lernen wollen. Wenn Sie selbst überlegen, was Sie „gelernt" haben und heute noch können, dann ist es mit Sicherheit etwas, das Sie sich selbst erarbeitet haben. Darüber hinaus bietet Stationenlernen ideale Möglichkeiten zur Binnendifferenzierung: Es kann leichtere und schwerere Aufgaben geben, umfangreichere oder knappere Bearbeitungen, differenzierte Anforderungen.

### *Für wen?*

Stationenlernen kann die Lehrkraft mit jeder Lerngruppe, in jedem Fach und zu jedem Thema durchführen. Die Sch. erschließen und erarbeiten mithilfe vorbereiteter Materialien und Aufgaben selbst, was ihnen im konventionellen Unterricht gewissermaßen fertig oder entwickelnd vorgesetzt wird.

### *Lehrerrolle?*

Gegenüber dem Klassenunterricht verändert sich bei der Stationenarbeit die Rolle der Lehrkraft: Während sie sonst die Erarbeitung des Stoffes im Unterricht initiiert, anleitet und steuernd begleitet, plant sie diese nun im Vorfeld – arrangiert das Material, die Lernanreize, die Lernumgebung. Während der Erarbeitung dagegen hält sie sich im Hintergrund und wird allenfalls moderierend oder beratend tätig.

### *Welches Thema?*

Themen, die das Erarbeiten komplexer Sach-Informationen erfordern, bieten sich vor allem an: ⇒ Zeit und Umwelt Jesu, ⇒ Exodus, ⇒ Schöpfung usw.

Didaktisch-methodisch aufwändiger, aber gleichfalls sehr ertragreich ist Stationenlernen mit emotional-sozialen Themen, wie ⇒ Sterben – Tod – Trauer oder ⇒ Konflikte.

In jedem Fall sollten die Aufgaben an den Stationen unterschiedliche Zugänge, Erarbeitungs- und Präsentationsformen ermöglichen bzw. aktivieren.

Die Inhalte der Stationen sollten so gewählt sein, dass die Sch. tatsächlich selbst zu neuen und verlässlichen Ergebnissen kommen können; z. B. hat es sich bewährt, Stationenarbeit einzusetzen, um Vorwissen zu erweitern oder am Ende einer Unterrichtseinheit Erarbeitetes zu vertiefen und aneignend zu ergänzen.

### *Methodenkompetenz?*

Beim Stationenlernen kann man Techniken erarbeiten, die dazu anleiten, eigenverantwortlich, effektiv und nachhaltig zu arbeiten. Dazu gehören Partner- und Gruppenarbeit, lesen, nachschlagen, Notizen machen, skizzieren, fragen, zuhören, spielen, präsentieren, gestalten, abgeben können, Streit schlichten, Mind-Maps erstellen u. a.

### *Was braucht man?*

Es gibt verschiedene Szenarien. In jedem Fall sollten die Stationen deutlich gekennzeichnet sein. Auf den Tischen liegt entweder eine (laminierte) Arbeitskarte, die von den Besuchern gelesen wird und dort verbleibt, oder eine für alle Sch. ausreichende Anzahl an kopierten Arbeitsblättern.

Außerdem brauchen die Sch. einen vorstrukturierten Laufzettel, auf dem sie vermerken, welche Station sie mit welchem Ergebnis besucht haben (Vorlagen dafür als Download zum Titel: http://www.v-r.de/de/titel/352561023/).

An einem Extra-Tisch, auf der Fensterbank, auf einem Regal o. Ä. stehen Arbeitsmaterialien für den allgemeinen Gebrauch: Nachschlagewerke, andere zur Erarbeitung nötige Bücher (hier vor allem: ein Klassensatz Schulbibeln), eine Faltbox mit Stiften, farbigem Papier, Scheren, Klebstoff, Pappe, Tonpapier usw.

### *Wie steigt man ein?*

Auf jeden Fall sollten Sie zusammen anfangen: Die Stationen vorstellen (kurz!), Fragen zulassen, die Regeln wiederholen (Text s. u.). Stationenlernen hat Regeln, die möglichst gemeinsam mit den Sch. erarbeitet und dann ausgehängt werden.

### *Was geschieht in der Erarbeitungsphase?*

Die Sch. erhalten ihren Laufzettel. Sie gehen einzeln, zu zweit, im Team (je nach Ansage) von Station zu Station (in der Regel in beliebiger Reihenfolge) und lösen die dort gestellten Aufgaben.

Hilfreich sind Zeitvorgaben: Wie lange soll man sich durchschnittlich an einer Station aufhalten? Wie viele Stationen soll man innerhalb einer Erarbeitungsphase besuchen?

### *Wie steigt man aus?*

Der gemeinsame Abschluss ist wichtig; er braucht Ruhe und Zeit. Alle Sch. beteiligen sich: Sie stellen vor – fragen – erklären – würdigen. Der Lehrer moderiert. Tafel und Mind-Maps können das Gesagte festhalten.

Regeln für Stationenarbeit
- Wähle dir eine Aufgabe.
- Laufe nicht herum.
- Störe deine Mitschüler nicht.
- Gehe gut mit dem Material um.
- Versuche, die Fragen selbst zu beantworten (Lexikon, Schulbuch, Internet...)

Beispiel, von Sch. erarbeitet

## *Was fehlt noch?*

Eine „Ruhestation“, von Kollegen auch „Parkstation“ genannt: Da liegen Mandalas, CD-Abspielgerät mit Kopfhörern und leiser Musik, ein Buch, ein Kissen.

Statt einer „Ruhestation“ kann es auch eine „Rückschau“-Station geben: Was habe ich gelernt? Was will ich mir merken? Welchen Fragen will ich weiter nachgehen?

Das Silben-Portfolio
Verflixt schwer war das.
Vergessen habe ich nichts.
Verschreiben passiert aber doch.
Verbessern will ich mich.

Das Anapher-Portfolio
Das sind meine offenen Fragen: ...
Das wollte ich schon immer wissen: ...
Das habe ich gelernt: ...
Das kann ich nicht glauben: ...
Das fand ich besonders spannend: ...

Beispiele für Impulse zur Rückschau

## *Literatur*

Adam, G. u. a.: Methodisches Kompendium für den Religionsunterricht 2. Aufbaukurs, Göttingen 2002, S. 144–154 (Stationenlernen: Lena Kuhl) und S. 55–75 (Freiarbeit – Freies Lernen: Horst Klaus Berg)

## Stationenlernen mit RU praktisch

Das Material dieses Bandes entlastet die Vorbereitung auf Unterrichtseinheiten mit Stationenarbeit. Es bietet Arbeitsblätter für je bis zu 15 Stationen* zu neun wichtigen Themen des Religionsunterrichts in der Sekundarstufe I. Dabei sind die Stationen jeweils zu Blöcken geordnet: Die Stationen jedes Blocks sollten parallel, die Blöcke jedoch nacheinander in der vorgeschlagenen Reihenfolge bearbeitet werden. Dabei ist es Ihre Entscheidung, ob Sie alle Blöcke einer Einheit per Stationen erarbeiten lassen wollen oder vielleicht nur einen oder zwei.

Die Arbeitsblätter sind so angelegt, dass die Sch. sie ausfüllen und gestalten können. Dazu müssen sie in ausreichender Zahl kopiert und an den Stationen ausgelegt werden. Die Arbeitsaufträge sind in der Regel singularisch formuliert; die meisten funktionieren jedoch genauso, wenn zwei oder mehr Sch. zusammenarbeiten.

In der Regel werden sich die Sch. mit einem Arbeitsblatt ca. 10 bis 15 Minuten beschäftigen können/müssen.* Wenn Sie also das gesamte Spektrum eines Themas von allen Sch. erarbeiten lassen wollen, müssten Sie mindestens 3-mal 2 Stunden Unterricht einkalkulieren. Je nach Zeitbudget bietet sich Aufgabenteilung an: Jeder Sch. erarbeitet beispielweise 2 Stationen seiner Wahl; beim Zusammentragen des Erarbeiteten tauscht er seine Ergebnisse mit denen der anderen aus (Experten-Methode).

Auf Lösungsblätter haben wir verzichtet; die Aufgaben sind in der Regel weit mehr als Wissens-Abfragen. Der Austausch in der Gesamtgruppe ist unverzichtbar; besonders die kreativen Aufgaben verlangen nach (öffentlicher) Würdigung.

* Die letzten beiden Stationen-Angebote für die Klassen 9/10 weisen weniger Stationen auf, an denen die Sch. jeweils mehr Zeit (ggfs. die ganze Stunde) zubringen werden. Diese Ausnahme von dem oben Gesagten entspricht den Erfordernissen der Thematiken sowie dem Alter der Lerngruppe.

# II. Unterrichtsvorschläge

**5./6. Klasse**

## Leben und Umwelt Jesu

### *Thematisches Stichwort*

Ziel dieses Stationenlernens ist es, den Sch. Jesus in seinem Lebenskontext nahezubringen, um ihnen so ein differenziertes und detailliertes Verstehen und Erleben von biblischen Geschichten zu ermöglichen. Um die Umstände von Jesu Wirken angemessen zu begreifen, ist ein Grundverständnis der jüdischen Religion und des jüdischen Lebens in Israel zur Zeit Jesu notwendig; dies beinhaltet den Alltag, die Lebens- und Umweltbedingungen, die Sprache und den jüdischen Glauben.

Die Auseinandersetzung mit der Zeit und Umwelt Jesu dient auch dem Vergleich mit der Gegenwart und dem eigenen Glauben. Des Weiteren schafft eine Auseinandersetzung mit dem jüdischen Leben zur Zeit Jesu im Allgemeinen und dem jüdischen Glauben im Besonderen Zugänge zum interreligiösen Dialog. Das Wissen um andere Glaubensrichtungen fördert Toleranz und Akzeptanz gegenüber Andersgläubigen.

### *Kompetenzen*

Die Sch. können Israel, das Land, in dem Jesus lebte, auf der Karte zeigen, die wichtigsten Wirkungsstätten der Evangelien nennen und zeigen und landschaftliche Besonderheiten und Herausforderungen schildern.

Die Sch. können beschreiben, wie Menschen verschiedener Bevölkerungsgruppen und Berufe zur Zeit Jesu in Israel lebten; sie können Auskunft geben über Politik, Sprache, Alltag, soziale Probleme und Nöte.

Die Sch. können religiöse Gruppen zur Zeit Jesu nennen und Auskunft geben über die Gesetze, Verhaltensregeln, über Ängste und Hoffnungen gläubiger Juden.

Die Sch. wissen, dass politische und religiöse Geschichte Israels bis heute ineinander verwoben sind, und können die heutige Situation im Nahen Osten skizzieren und einordnen.

Die Sch. kennen religiöse Bräuche des Judentums, die bis heute lebendig sind; sie können z. B. eine Synagoge besuchen und sich dort angemessen verhalten.

## Station 1: Landschaft (Block A)

Das Land, in dem Jesus geboren wurde, besteht aus gegensätzlichen Landschaften. Manche Gebiete sind sehr fruchtbar. Hier wachsen Bäume und Getreide. Man nennt sie Oasen. In anderen Gebieten regnet es kaum. Hier gibt es nur wenig grüne Pflanzen. Diese Landschaften heißen Wüsten. In Israel gibt es Wüsten aus Sand und auch welche aus Stein. Hier ist das Leben schwierig, denn es gibt nur wenig Wasser.

- Male die drei Landschaften an.
- Schreibe charakterisierende Begriffe aus dem Text neben die entsprechende Landschaft.

# Station 2: Bäume/Pflanzen (Block A)

▶ Lies die Informationen und ordne sie, indem du jeweils vermerkst, zu welcher Abbildung sie gehören.

| | |
|---|---|
| | In Israel wachsen überwiegend Bäume, die wenig Wasser brauchen. |
| | Die Dattelpalme mit ihrem schlanken Stamm kann bis zu 30 Meter groß und 200 Jahre alt werden. |
| | Die Zypresse gehört zu den Nadelbäumen. |
| | Der Stamm trägt eine Krone aus grünen, bis zu 3 Meter langen Blättern. |
| | Die Kiefer gehört zu den Nadelbäumen. |
| | Aus den Blattstielen wurden Körbe geflochten. Aus den Blättern stellten die Menschen Matten und Taschen her. |
| | Kiefern erreichen eine Wuchshöhe bis etwa 40 m und können bis zu 300 Jahre alt werden. |
| | Die Zypressen erreichen eine Höhe bis zu 30 Metern und dienten als Schattenspender. |
| | Die Dattelpalmen tragen Früchte, die zur Zeit Jesu gern gegessen wurden. |

# Station 3: Sprache/Schrift (Block A)

Die geschriebene Sprache in Israel nennt man „Hebräisch". Die Worte sind von Hand geschrieben, von rechts nach links.

Kannst du das lesen? .learsI ni nam tbierhcs oS

Schreibe es hier auf: ______________________

Die Vokale (a, e, i, o, u) werden beim Schreiben weggelassen, aber gesprochen:

Irs n nm tbrhcs S

▶ Such dir einen kurzen Text aus der Bibel und verschlüssle ihn:

a) Schreibe ihn von rechts nach links.

b) Schreibe den Text ein zweites Mal von rechts nach links und lasse die Vokale weg.

a) Von rechts nach links geschrieben!

______________________

______________________

______________________

______________________

______________________

b) Von rechts nach links geschrieben ohne Vokale!

______________________

______________________

______________________

______________________

______________________

# Station 4: Wohnen zur Zeit Jesu (Block A)

Die Häuser, in denen die Menschen zur Zeit Jesu lebten, waren meist aus Lehm gebaut und bestanden nur aus einem einzigen Raum. In diesem Raum lebten nicht nur alle Familienmitglieder, sondern auch die Tiere. Diese kamen nachts ins Haus, damit sie vor wilden Tieren sicher waren. Der eigentliche Wohnraum war etwas erhöht. Hier schliefen die Eltern, die Kinder und oft auch die Großeltern auf dünnen Schlafmatten. Damit man das Wohnpodest tagsüber zum Arbeiten nutzen konnte, wurden die Matten morgens zusammengerollt und verstaut. Tagsüber mahlten die Frauen hier mit der Steinmühle das Mehl, backten und kochten. Lebensmittel wie Öl, Korn und getrocknete Früchte wurden in Tonkrügen, Körben und Säcken aufbewahrt.

▶ Skizziere die Einrichtung eines Hauses zur Zeit Jesu:

▶ Fülle die Tabelle aus!

| So wohnen wir | So wohnten die Menschen zu Jesus Zeit |
| --- | --- |
| Unsere Häuser haben mehrere Räume. | |
| | Alle schlafen auf dünnen Schlafmatten.<br>Die Schlafmatten liegen .... |
| | Nicht nur die Menschen lebten im Haus, sondern .... |
| Wir bewahren Lebensmittel im Kühlschrank auf. | |
| | Die Frauen mahlen das Mehl mit der Steinmühle. |
| Wir kaufen das Brot meistens beim Bäcker. | |

# Station 5: Häuser (Block A)

- Bastle ein Haus, wie es zur Zeit Jesu überall gebaut und bewohnt wurde.
- Schneide hierzu das Würfelnetz aus, gestalte das Haus in passenden Farben.

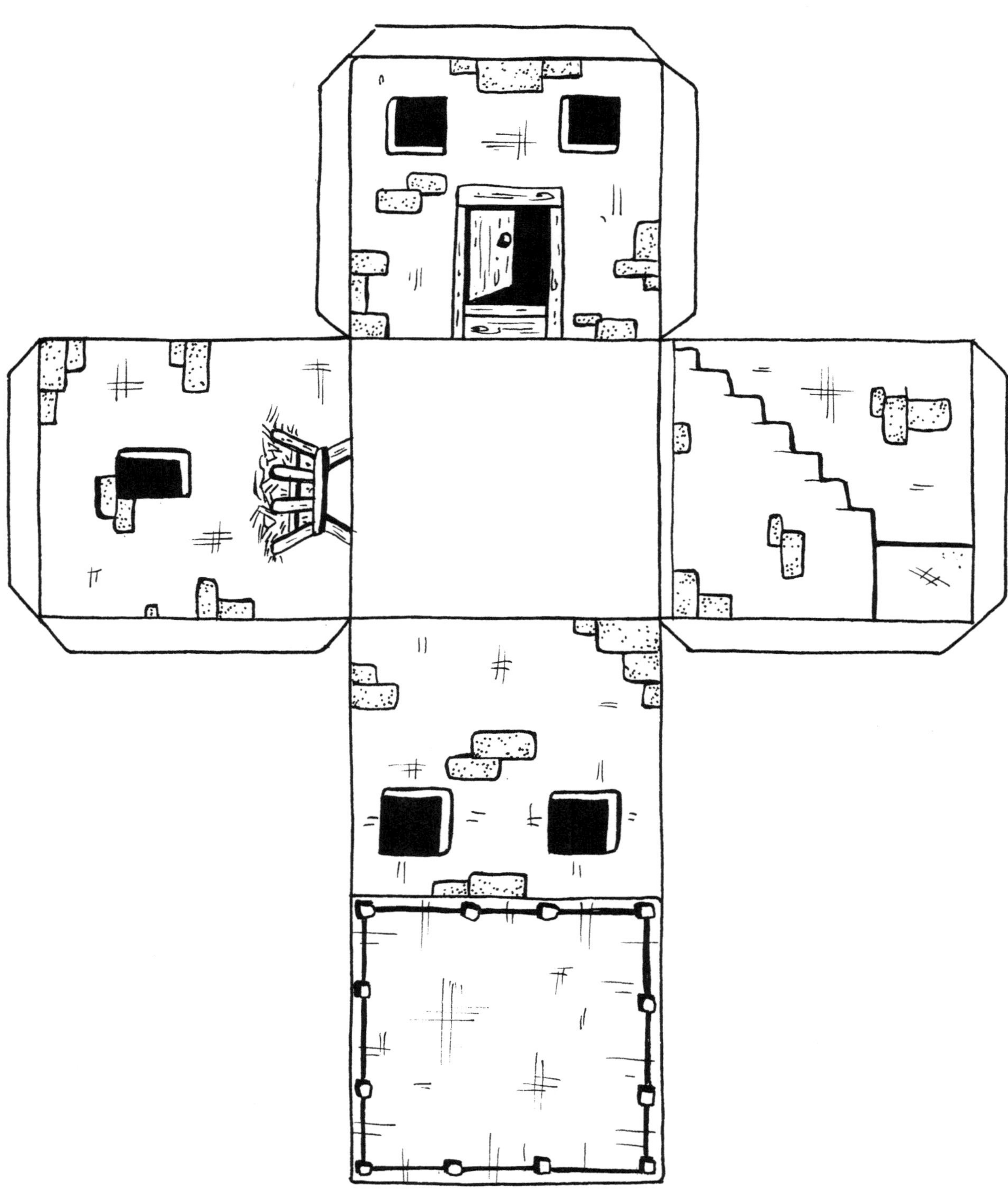

# Station 6: Tiere (Block A)

Viele Menschen zur Zeit Jesu besaßen Ziegen. Die Ziegen gaben Milch. Aus der Milch haben die Frauen Käse und Joghurt gemacht. Die Ziegenmilch wurde auch getrunken. Geschlachtet wurden die Ziegen aber nur zu besonderen Feiertagen. Aus dem Fell wurden Kleidung oder Zelte hergestellt.

Am Haus wurden häufig Kühe gehalten. Oft liefen Hühner auf den Höfen frei umher. Sie lieferten Eier und wurden ebenfalls an besonderen Feiertagen geschlachtet.

Zur Zeit Jesu gab es noch keine Autos. Die Menschen reisten mit Kamelen. Kamele können in Wüsten leben, denn sie brauchen wenig Wasser. Die Händler luden Waren auf die Kamele. Diese wurden in anderen Städten verkauft.

▶ Lies den Infotext und trage dein Wissen in die Tabelle ein.

| Tier | Haltung | Essbares Produkt | Weiterer Nutzen |
|---|---|---|---|
| | | | |
| | | | |
| | | | |
| | | | |

# Station 7: Berufe – Zöllner (Block B)

▶ Schneide die Dominokarten aus und lege sie in der richtigen Reihenfolge zu einem Text über den Beruf des Zöllners zusammen.

| | | | |
|---|---|---|---|
| ▸▸ | Israel | zu verdienen, verlangten sie von den Leuten Abgaben für die Waren, die sie in die Stadt brachten. | Da die Römer |
| wurde von den Römern besetzt. | Um Geld | hassten und verachteten die Zöllner, denn sie galten als Betrüger und Diebe. | ✳ |
| selber keine Lust hatten, sich an die Zollstationen zu setzen, um über die Abgaben zu streiten, beauftragten sie die Zöllner. | Die Zöllner | verlangten die Zöllner oft zu hohe Abgaben. | Die Menschen |
| wollten jedoch nicht nur für die Römer, sondern auch für sich Geld verdienen. | Daher | | |

# Station 8: Berufe – Bauer (Block B)

Zur Zeit Jesu waren die meisten Menschen Bauern. Besonders der Anbau von Getreide war für die Menschen sehr wichtig. Die Bauern führten zur Zeit Jesu ein sehr hartes Leben! Da es in Israel wenig regnete, war der Boden steinig und trocken. Die Arbeit war deshalb sehr schwer. Im Sommer war der Boden sogar so ausgetrocknet, dass gar keine Feldarbeit möglich war. Im Herbst mussten dann erst die dicken Steine vom Feld gesammelt werden, bevor gesät werden konnte. Hitze, wenig Wasser und Insekten gefährdeten die Ernte und das Überleben der Familie. Zur Zeit Jesu gab es noch keine Maschinen, die die Arbeit erleichterten. Die Arbeiten auf dem Feld und bei der Ernte mussten ohne Maschinen verrichtet werden. Es gab nur einfache Geräte. Nur Esel und Rinder konnten die schwere körperliche Arbeit etwas erleichtern. Nicht nur die Männer mussten hart arbeiten. Alle Mitglieder der Familie, auch die kleinen Kinder, hatten ihren Beitrag zu leisten. Sie mussten die Steine aufsammeln, aussäen und auch ernten. Bei aller Mühe reichte der Ertrag der Ernte nur für ein sehr einfaches, ärmliches Leben.

▶ Lies den Info-Text. – Stell dir vor, du bist ein Kind zur Zeit Jesu. Schreibe deine Erlebnisse bei der Feldarbeit auf:

*Heute musste ich wieder auf dem Feld helfen …*

# Station 9: Berufe: Fischer (Block B)

Schon immer gab es im See Genezareth viele Fische. Deshalb arbeiteten viele Fischer in den Orten am Seeufer.

▶ Lies die Texte und male, was du liest, daneben.

Die einfachste Methode, Fische zu fangen, war das Angeln mit einer Schnur, an der ein Angelhaken befestigt war.

Geangelt wurde oft vom Boot aus.

Manche benutzten auch eine scharfe Gabel, mit der sie die Fische aufspießten.

Viele Fischer arbeiteten auch mit Netzen. Die einfachste Form war das Wurfnetz.

Beim Heruntersinken schloss es die Fische ein. Der Fischer zog das Netz zusammen und holte es ans Ufer.

# Station 10: Spiele (Block C)

Zur Zeit Jesu hatten Kinder kaum Zeit zum Spielen. Bereits kleine Kinder mussten der Familie bei ihrem Tagwerk helfen. Die Jungen lernten von ihren Vätern das Fischen, den Handel und auch den Ackerbau. In der Regel lernte ein Junge schon in frühen Jahren den Beruf seines Vaters.

Die Mädchen mussten viel im Haushalt helfen. Sie lernten von ihren Müttern und Großmüttern das Kochen, Nähen, Backen, Waschen und wie man einen großen Haushalt führt.

Die wenigen Spiele, die die Kinder kannten, wurden selber gebastelt und aus Wenigem hergestellt. – Wie zum Beispiel dieses (verwandt mit unserem „Mühle"-Spiel):

Ein Kreis wird in acht „Tortenstücke" unterteilt; das sind die Spielfelder. Je zwei Spieler erhalten je drei Steine, die abwechselnd abgelegt werden. Das Ziel ist, drei eigene Steine auf benachbarten Feldern zu platzieren.

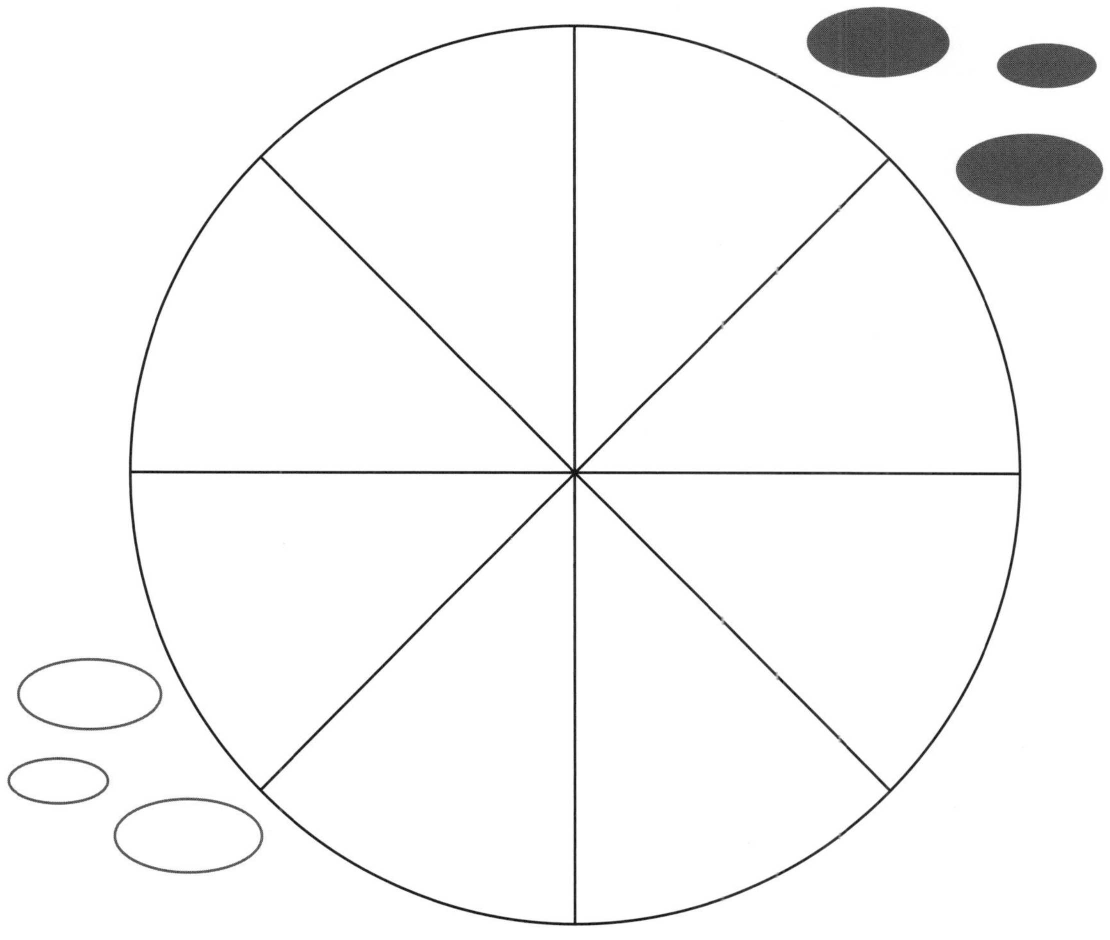

- Natürlich kannst du das Spiel aufmalen. Echter wird es, wenn du das Spielfeld in den Sand malst – draußen oder in einer flachen Schale, die mit Sand gefüllt ist.
- Denk dir andere Spiele aus, die man in den Sand malen bzw. leicht aufzeichnen kann. Probiere sie mit einem Partner.

# Station 11: Der Glaube (Block C)

Zur Zeit Jesu war die Religion aller Menschen in Israel das Judentum. Auch Jesus war ein Jude. Der jüdische Glaube entstand vor mehr als 4000 Jahren im Nahen Osten. Damals verehrten die Menschen dort verschiedene Götter. Abraham jedoch glaubte nur an einen einzigen Gott. Er hörte die Stimme dieses Gottes und wusste sich gerufen. Gott schloss mit Abraham einen Bund. Abraham und seine Familie versprachen, Gott zu ehren und ihm zu gehorchen. Dafür machte Gott die Nachkommen Abrahams zu seinem auserwählten Volk.

Was weißt du …

| | |
|---|---|
| a. über Abraham | |
| b. über Abrahams Nachkommen | |
| c. über das Judentum | |

▶ Schreib alles auf, was dir einfällt: Namen, Geschichten, Lebensregeln …

# Station 12: Geschichte (Block C)

- Welche Farben hat die Flagge Israels? Male sie an.
- Und was bedeutet der Stern?

- Für diese Aufgabe musst du die Internetseite http://rachel.israel.de/ aufrufen! Gehe in den Bereich „Geschichte". Finde Folgendes heraus:

| Bis vor wie vielen Jahren lebten jüdische Menschen in Israel? | |
|---|---|
| Was passierte dann? | |
| Wann wurde der jüdische, demokratische Staat Israel gegründet? | |

- Gehe nun in den Bereich „Wissenswertes"! Finde Folgendes heraus:

| Welche beiden offiziellen Sprachen gibt es heutzutage in Israel? | |
|---|---|
| Wie hieß früher die Währung in Israel? Wie heißt sie heute? | |
| Was sind die 7 biblischen Früchte des Landes? | |

## Station 13: Israel heute (Block C)

▶ Schreibe einen kurzen Zeitungsartikel zu dem Bild: Was sind das für Menschen? Wo befinden sie sich? Was tun sie? Was ist das Besondere daran? (Achte auf die Flaggen und auf den Titel der Station!)

| | |
|---|---|
| ______________________ | ______________________ |
| ______________________ | ______________________ |
| ______________________ | ______________________ |
| ______________________ | ______________________ |
| ______________________ | ______________________ |
| ______________________ | ______________________ |
| ______________________ | ______________________ |
| ______________________ | ______________________ |
| ______________________ | ______________________ |
| ______________________ | ______________________ |
| ______________________ | ______________________ |

## Station 14: Ruhestation (Block C)

▶ Mach mal Pause. Setz dich bequem hin und male das Mandala aus.

5./6. Klasse

# Beten – Sprechen mit Gott

## *Thematisches Stichwort*

Beten in der Schule war lange umstritten. Das hat sich in den letzten Jahren verändert. Heute kann man im RU über das Beten sprechen und ein Gebet sprechen, freilich unter Beachtung der Freiwilligkeit und mit Angebots- bzw. Erprobungscharakter.

Drei Grundformen von Gebeten – die in der Praxis vielfach kombiniert werden – lassen sich unterscheiden.

▷ Das Bittgebet ist für Kinder häufig problematisch. Was ist, wenn das Kind Gott um etwas bittet und die Bitte nicht erfüllt wird? Es muss im Gespräch geklärt werden, dass der Mensch Gott nicht zwingen kann, einen Wunsch zu erfüllen. Die Bitte kann ausgesprochen werden, aber das letzte Wort hat Gott.

▷ Das Dank- und Lobgebet kann sich auf die großen Taten Gottes beziehen (Schöpfung, Bewahrung), aber auch auf die kleinen Dinge des Alltags. Menschen betrachten Gott als den Geber und Herrn aller Gaben.

▷ Die Klage mündet meistens in die Bitte an Gott, den Beter aus der Not zu erretten.

## *Kompetenzen*

Die Sch kennen Elemente, Formen und Inhalte des Gebets und können eigene Gebete schreiben (Dank, Lob, Fürbitte u. a.).

Sie kennen Situationen, in denen Menschen beten, und können erläutern, welche Hoffnungen und Erwartungen sich mit dem Beten verbinden.

Sie kennen die seelsorgliche Bedeutung von Gebeten und können sie für sich erproben.

Sie können ein Gebet vortragen, z. B. im Schulgottesdienst.

## *Literatur*

Hanisch, H.: An Gott ... von Lisa und Tim. Kindergebete, Göttingen 2008

Schindler, R.: Was Kinder von Gott erwarten. Gebetstexte von Kindern und was sie uns damit sagen wollen, Lahr 1993

# Station 1: Hand in Hand (Block A)

## Uwe erzählt

Im Sommer waren wir an der Nordsee. Als das Wasser weg war, sind wir ins Watt rausgegangen. Auf einmal kam so Nebel auf. Da haben wir nicht mehr gesehen. Wir wussten nicht mehr, wo das Ufer ist. Meine kleine Schwester hat angefangen zu weinen. Da hat meine Mutter gesagt, wir sollten uns alle an der Hand fassen, damit wir uns nicht verlieren. Dann sind wir los und haben immer wieder gerufen. Dazwischen haben wir Pausen gemacht und gehorcht, ob wir wen hören. Irgendwann hörten wir Stimmen. Das waren Leute, die wussten, wie man zum Ufer kommt. Das war total verrückt. Als wir da draußen so im Nebel rumgestapft sind – so Hand in Hand – da hatte ich das Gefühl, uns kann gar nichts passieren.



▶ Zeichne Uwes Hände; wie hält er sie: a) beim Wandern, b) beim Suchen, c) angenommen, er hätte sich allein im Watt verirrt ...; beschrifte jeweils die Denkblase mit Uwes Gedanken.

# Station 2: Hand-lungen (Block A)

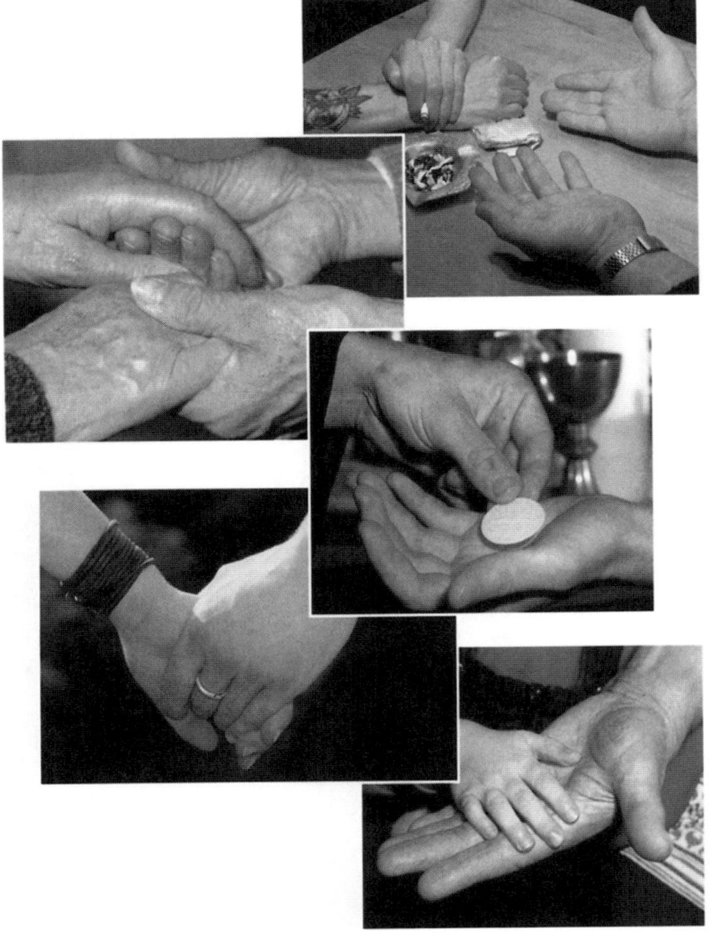

© Oda Lipowsky: Hand Reichungen, in: Amt für Gemeindedienst in der Evangelisch-Lutherischen Kirche in Bayern (Hg.)

▶ Wähle zwei der abgebildeten Hand-lungen aus und schreibe, was dabei gesagt, gedacht oder gefühlt wird. Probiere die Szene mit einem Partner.

# Station 3: Hände offen – Hände beieinander (Block A)

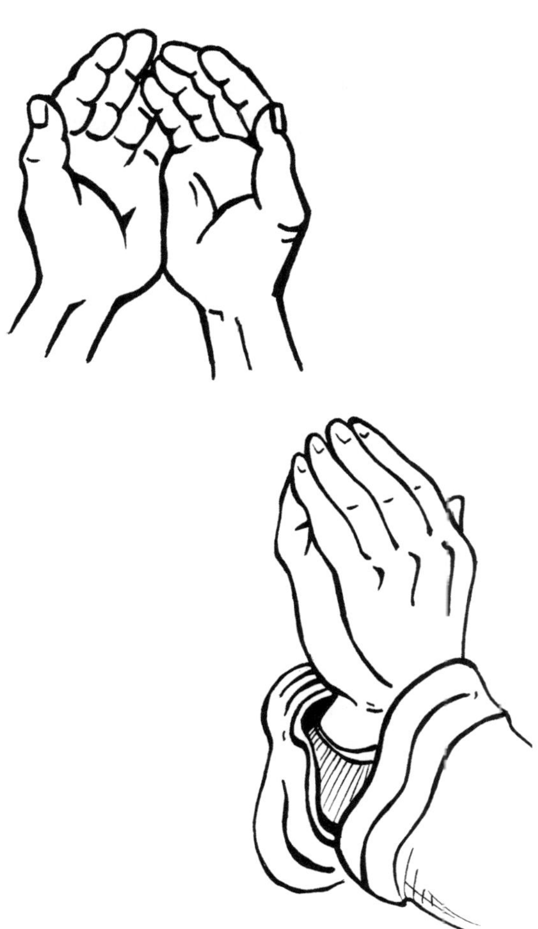

Gesungene Gebete aus dem Evangelischen Gesangbuch (Liedanfänge)

- ○ Ausgang und Eingang, Anfang und Ende liegen bei dir, Herr, füll du uns die Hände (Nr. 175; Kanon)
- ○ Aus tiefer Not schrei ich zu dir (Nr. 299)
- ○ So nimm denn meine Hände und führe mich (Nr. 376)
- ○ Nun lasst uns Gott, dem Herren, Dank sagen und ihn ehren (Nr. 320)
- ○ Ich möcht', dass einer mit mir geht (Nr. 209)

▶ Probiere aus, welche der Liedanfänge zu welcher Handhaltung passen. Schreibe anschließend eine eigene Bitte an Gott/einen Gedanken über Gott in die beiden Abbildungen hinein.

# Station 4: Mit dem ganzen Körper beten (Block A)

▶ Lies die Liedanfänge. Probiere aus, mit welcher Hand- und Körperhaltung du die Worte unterstützen kannst. Zeichne Strichmännchen, die deine Ergebnisse wiedergeben und dokumentieren.

| Gesungene Gebete aus dem Evangelischen Gesangbuch (Liedanfänge) | | | |
|---|---|---|---|
| Ausgang und Eingang, Anfang und Ende liegen bei dir, Herr, füll du uns die Hände (Nr. 175) | | Nun lasst uns Gott, dem Herren, Dank sagen und ihn ehren (Nr. 320) | |
| Aus tiefer Not schrei ich zu dir (Nr. 299) | | Ich möcht', dass einer mit mir geht (Nr. 209) | |
| So nimm denn meine Hände und führe mich (Nr. 376) | | Nun danket alle Gott mit Herzen, Mund und Händen (Nr. 321) | |

# Station 5: Menschen bitten Gott (Block B)

Ina, Sandra und Joschua beten im Schulgottesdienst:

Gott, ich habe Angst vor Krieg,
ich habe Angst vor einer schlimmen Krankheit,
ich habe Angst, dass meine Eltern sich trennen,
ich habe Angst vor Katastrophen.
Gott, hilf mir! Amen.

Gott, ______________________________

______________________________

______________________________

______________________________

______________________________

Amen

▶ Verlängere das Gebet: Wovor hast du (oder: haben viele Schüler und Schülerinnen) Angst? Schreib los!

*„Bittet, so wird euch gegeben."*

*Das hat Jesus gesagt – in der Bergpredigt (Matthäus 7,7).*

▶ Sieh in der Bibel nach: In welchem Zusammenhang steht der Satz? Schreibe auf: Was, glaubst du, will Jesus damit sagen/was möglicherweise eher nicht?

☺ ☹

# Station 6: Menschen danken Gott (Block B)

Ina, Sandra und Joschua singen beim Schulanfangsgottesdienst:

Danke Gott, dass du mich siehst,
danke Gott, dass du mich trägst.
Danke Gott, dass du mit mir gehst
und mir den richtigen Weg zeigst. Amen.

Danke, ____________________________________

____________________________________

____________________________________

____________________________________

____________________________________

Amen

▶ Schreibe weiter. Überlege, wofür du dich bei Gott bedanken willst oder wofür wohl andere Menschen Gott danken könnten.

▶ Viele Menschen danken Gott, wenn sie in einer gefährliche Situation waren. Schreibe eine solche Geschichte auf – als Beispiel zum Vorlesen und Besprechen. (Verwende auch die Rückseite des Arbeitsblatts.)

# Station 7: Menschen loben Gott (Block B)

Franz von Assisi betet:

Gepriesen seist du, mein Herr, mit allen geschaffenen Wesen,
gepriesen seist du durch meine Schwester, die Sonne,
die uns den Tag bringt und die uns erleuchtet.
Schön ist sie und strahlend in ihrem Glanz,
deine Zeichen trägt die Sonne, du Höchster. Halleluja.

▶ Schreibe das Gebet in deinen Worten.

______________________________

______________________________

______________________________

______________________________

______________________________

Amen

▶ Lies am Anfang der Bibel, wie Gott Sonne, Mond und Sterne schuf (1 Mose 1,14–19). Vergleiche die Haltung des Erzählers mit der Stimmung des Beters Franz von Assisi. Verwende Ausdrücke wie „warm", „kalt", „sachlich", „lebhaft", „nüchtern" usw.

Der Erzähler ______________________________

______________________________

______________________________

______________________________

Der Beter ______________________________

______________________________

______________________________

______________________________

# Station 8: Menschen klagen zu Gott (Block B)

Mein Gott, mein Gott, warum hast du mich verlassen?
Warum bist du so fern,
dass mein Geschrei dich nicht erreicht?
Mein Gott, ich rufe den ganzen Tag,
du gibst keine Antwort.
Auch des Nachts schreie ich, ich komme nicht zur Ruhe.

Psalm 22,2–3

▶ Der Psalmbeter hat noch viel mehr Klagen. Schlage den Psalm 22 in der Bibel auf, suche sie und schreibe einige davon hier auf.

Ab Vers 20 gehen die Klagen des Beters in Bitten über.

▶ Mit deinen Worten: Was erbittet und erhofft dieser Beter von Gott?

# Station 9: Wie soll Gott entscheiden? (Block C)

**Die Farmer und die Heuschrecken**

Der Weizen war reif zum Ernten. Die Farmer freuten sich auf eine gute Ernte. Da verdunkelte sich der Himmel: Ein Schwarm von hungrigen Heuschrecken wollte sich auf den Feldern niederlassen. Die Farmer versuchten alles Mögliche um die Heuschrecken zu vertreiben. Nichts half. Da beteten sie: „Gott, vernichte die Heuschrecken." Und die Heuschrecken beteten: „Gott, vertreibe die Farmer."

▶ Schreibe eine zweite Geschichte mit einem ähnlichen Ende, z. B. zum Thema „Zwei Sportler beim Wettkampf".

▶ Und nun erkläre: Was für ein Problem gibt es mit solchen Gebeten? Was würdest du den Betern in diesem Fall raten? Was würdest du Gott raten? (Schreibe z. B. auf die Rückseite dieses Arbeitsblattes.)

## Station 10: Alle beten gemeinsam (Block C)

| | |
|---|---|
| | Give us this day our daily bread, |
| | Your will be done |
| | Your kingdom come. |
| | hallowed be Your name |
| | Our Father in heaven, |
| | And do not lead us into temptation, |
| | and forgive us our debts, |
| | as we forgive our debtors. |
| | For yours is the kingdom |
| | but deliver us from the evil one. |
| | and the power and the glory |
| | on earth as it is in heaven. |
| | forever. Amen. |

▶ Dieses englisch-sprachige Vaterunser ist durcheinandergekommen. Arbeitet zu zweit: Das eine Arbeitsblatt wird zerschnitten. Legt die Streifen in die richtige Reihenfolge. Notiert dann die Reihenfolge auf dem zweiten Arbeitsblatt. Und schreibt dazu, wie der jeweilige Vers auf Deutsch heißt.

# Station 11: Ganz persönlich (Block C)

Eine Konfirmandengruppe hat den Psalm 23 in neue, eigene Worte gekleidet:

Gott beschützt mich. ______________________________

Er gibt mir alles, was ich zum Leben brauche. ______________________________

Er gibt meinem Leben einen Sinn. ______________________________

Gott leitet mich auf dem richtigen Weg, ______________________________

damit ich nicht ins Unglück renne. ______________________________

Ich brauche keine Angst zu haben, ______________________________

auch nicht in schweren Zeiten oder im Stress, ______________________________

denn du bist bei mir und führst mich ______________________________

aus dem Dunkeln wieder heraus. ______________________________

Du tröstest mich. ______________________________

Auch in Schwierigkeiten stehst du zu mir. ______________________________

Du behandelst mich mit Respekt. ______________________________

Und du stehst mir immer zur Verfügung. ______________________________

Ich bin dir wichtig und du gibst mir alles. ______________________________

Nicht einmal der Tod kann mich von dir trennen. ______________________________

▶ Schlage in der Bibel Psalm 23 auf. Schreibe die Anfänge der Verse neben die passenden Verse der neuen Version.

▶ Warum kommt der „Hirte“ nicht vor?

______________________________________________________________________

______________________________________________________________________

______________________________________________________________________

______________________________________________________________________

______________________________________________________________________

______________________________________________________________________

______________________________________________________________________

______________________________________________________________________

# Station 12: Ave Maria (katholisch) (Block D)

Info: Sehr viele Gebete werden von evangelischen und katholischen Gläubigen gleichermaßen gesprochen, z. B. das Vaterunser. Wenn aber Maria, die Mutter Jesu, hervorgehoben und gepriesen wird, ist dieses Gebet in der Regel katholisch.

Gott Vater im Himmel, wir preisen dich für alles, was du geschaffen hast. Wir preisen dich besonders für Maria, die du zur Mutter deines Sohnes erwählt hast. Sie ist unsere Fürsprecherin an deinem Thron. Mit ihr kommen wir voll Vertrauen zu dir.

Zu dir, Vater, rufen wir mit Maria.

Gott Sohn, Erlöser der Welt, wir danken dir, dass du Maria zu deiner Mutter gemacht hast. Sie hat dir das Leben geschenkt. Sie hat das Wort Gottes gläubig gehört und befolgt. So ist sie unsere Mutter und unser Vorbild geworden.

Durch dich, Christus, beten wir mit Maria.

Gott Heiliger Geist, du hast Maria mit der Kraft des Höchsten überschattet. So hat sie den Sohn Gottes zur Welt gebracht. Auch uns erfüllst du mit deiner Kraft, damit wir Christus sichtbar machen in dieser Welt.

In dir, Heiliger Geist, singen wir mit Maria:

Meine Seele preist die Größe des Herrn, und mein Geist jubelt über Gott, meinen Retter.

Denn auf die Niedrigkeit seiner Magd hat er geschaut.

Siehe, von nun an preisen mich selig alle Geschlechter.

Denn der Mächtige hat Großes an mir getan und sein Name ist heilig.

Gotteslob. Katholisches Gebet- und Gesangbuch

Zu zweit:

- Lest den Text im Wechsel.
- Schreibt auf, z. B. auf die Rückseite eurer Arbeitsblätter: Welche Informationen bekommt ihr über Maria. Was wisst ihr noch?

Jede/r für sich:

- Es gibt viele Marienstatuen in katholischen Kirchen. Male selbst eine Maria.

# Station 13: Einmal betete der Baalschem (jüdisch) (Block D)

Info: Baalschem war der Begründer einer frommen jüdischen Sekte, die Freude am Gebet und Gottesdienst hatte.

## Morgengebet

Einst betete an einem Neumondtage der Baalschem das Morgengebet an seinem Platz mit; denn erst von den Lobgesängen an pflegte er vor das Pult zu treten. Da zitterte er und verfiel in ein großes Zittern. Wohl kannte man dergleichen an ihm beim Beten; aber stets war es nur wie ein leichtes Schütteln des Leibes, jetzt aber brach es übergewaltig aus.

## Festtagsgebet

Einmal an einem Festtag betete der Baalschem vor dem Pult mit großer Leidenschaft und großen Schreien. Meines Siechtums wegen (Anmerkung: Ein Kranker erzählt!) konnte ich es nicht ertragen und musste hinaus in den kleinen Saal und dort allein beten. Vor der Festliturgie kam der Baalschem in den kleinen Saal, um den Kittel anzuziehen. Als ich ihn ansah, merkte ich, dass er nicht auf dieser Welt war. Wie er nun den Kittel anzog, schlug der Falten an seinen Schultern. Ich fasste den Kittel, um ihn glatt zu streichen. Kaum aber hatte ich ihn berührt, da begann ich zu zittern. Der Baalschem war schon wieder in den großen Saal gegangen, ich aber stand da und bat Gott, dass er es von mir nehme."

## Weitere Gebete

Einmal stand ein großer Wassertrog in dem Raum, in dem der Baalschem betete. Ich sah das Wasser im Trog zittern und wogen, bis er geendet hatte.

Einmal betete der Baalschem auf einer Reise an der Ostwand eines Hauses, an dessen Westrand offene Fässer mit Getreide standen. Da sah ich, dass das Getreide in den Fässern zitterte.

Alle Texte: Martin Buber, Die Erzählungen der Chassidim, © Manesse Verlag Zürich [12]1996

- Überlege dir einen Weg, deinen Mitschülern die Bedeutung des Zitterns in diesen Texten zu verdeutlichen: Was für ein Zittern ist das? Was hat es mit dem Beten zu tun? Was mit dem Baalschem?
- Recherchiere: Wie und was beten Juden? (Platz für Notizen ist auf der Rückseite dieses Arbeitsblatts.)

# Station 14: Unser tägliches Gebet (Block D)

Manche Menschen beten beim Aufstehen. Oder vor dem Schlafengehen. Oder vor den Hauptmahlzeiten. Der hier abgebildete Gebetswürfel soll für jeden der drei Anlässe je zwei Gebete enthalten. – Vervollständige ihn.

▶ Schneide das Raster aus, klebe es auf Pappe und bastele den Würfel fertig.

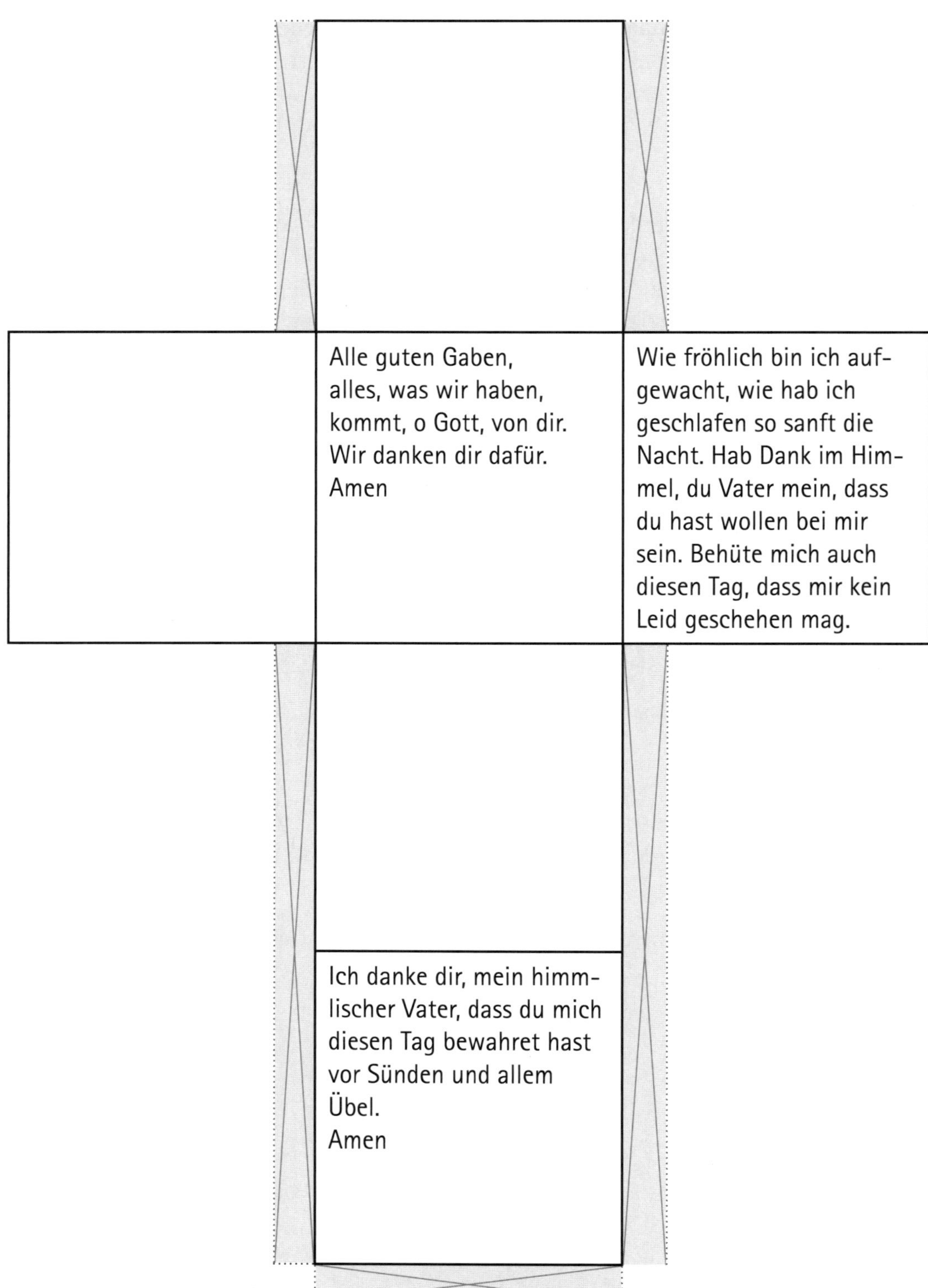

5./6. Klasse

# Konflikte: Unschuldslamm und Sündenbock

## *Thematisches Stichwort*

Der Umgang mit Schuld, Konflikten und dem Gewissen ist sowohl Thema der curricularen Vorgaben für den Sek-I-Bereich als auch Thema in der alltäglichen Interaktion zwischen Schülern und Lehrern. Der Aufbereitung dieses Themas für die Stationenarbeit liegt die Beobachtung zugrunde, dass in Konflikt- und Problemsituationen bis heute zwei klassische, archetypisch und biblisch verankerte Rollenklischees bedient werden – die des Unschuldslamms und des Sündenbocks (3 Mose 16,20–22).

Archetypisch sind die Rollen „Unschuldslamm" und „Sündenbock" deshalb, weil sie kultur- und religionsgeschichtlich tiefgreifenden Einfluss auf unsere Sozialisation haben (der gekreuzigte Jesus als selbstgewählter Sündenbock und Unschuldslamm zugleich; Juden als Sündenböcke im Nationalsozialismus; Ausländer als Opfer von Sündenbockprojektionen etc.).

Im schulischen Alltag erleben wir immer wieder Situationen, in denen diese Rollenmuster bedient werden:

> Ein Lehrer stellt drei Schüler, die in eine Konflikt- und Problemsituation verwickelt sind, zur Rede.
>
> L.: Was ist passiert? Wer war das?
> Andreas *(verängstigt, unsicher)*: Ich hab nichts gemacht! – Christoph hat mich geschlagen!
> Christoph *(empört)*: Hab ich gar nicht! – Ich hab überhaupt nichts getan. Es war Nils, der hat uns beleidigt, wie immer!
> Nils *(wird laut)*: Das kann es nicht sein, immer bin ich der Schuldige!
> L.: Da ihr euch untereinander die Schuld gebt, kann ich das jetzt nicht klären. Jeder bekommt daher eine Strafe und schreibt 20-mal: „Ich darf nicht provozieren!"
> Nils: Sie können mich mal! Das werde ich nicht tun! Es war alles Andreas' Schuld!
> Christoph: Den Scheiß zu schreiben, bringt eh nichts.

In diesem Beispiel wechseln sich Sündenbockprojektionen und Unschuldslammrollen ab. Gleichzeitig erscheint der Lehrer als Mahner und Strafender, dessen Erziehungsmittel (hier: Strafsätze) vom Schüler Christoph als unwirksam bewertet werden.

Die Unterrichtseinheit hat das Ziel, Konflikt- und Schuldbewusstsein zu fördern, zu selbstverantwortetem Handeln zu motivieren – im Rahmen einer christlich geprägten Erzieherhaltung, die Mt 7,12 folgt und zu unterscheiden vermag zwischen dem Menschen als Ganzem und seinem partiellen Fehlverhalten – ganz im Sinn des Gottesbildes, das im Gleichnis vom verlorenen Sohn transportiert wird (Lk 15,11–32).

### *Kompetenzen*

Die Schülerinnen und Schüler

- ▷ können erklären, welche Vorstellung hinter der Rede vom Sündenbock und vom Opferlamm steht, und können Beispiele nennen;
- ▷ können die Haltung der Väter im Gleichnis vom verlorenen Sohn sowie in einer Vater-und-Sohn-Geschichte von O. E. Plauen erläutern;
- ▷ erkennen, dass man Fehlverhalten bestrafen kann, ohne zugleich den Wert der Person oder der Beziehung in Frage zu stellen;
- ▷ können alternative Sanktions- und Lösungsformeln mit entwickeln.

### *Literatur*

Gebauer, K.: Ich hab' sie ja nur leicht gewürgt. Mit Schulkindern über Gewalt reden, Stuttgart 1999, 3. Auflage

Peter, D.: Konflikte wahrnehmen, verstehen und gestalten. Unterrichtsmaterialien für die Klassenstufen 5 und 6, Loccum 2005

### *Zu den Stationsvorschlägen*

Idealerweise legen die Sch. einen kleinen Hefter/Ordner an. Die Materialien für die „Meinungsbarometer"-Stationen sollten im Vorfeld ausgeschnitten und laminiert werden.

# Station 1: Vater und Sohn (Block A)

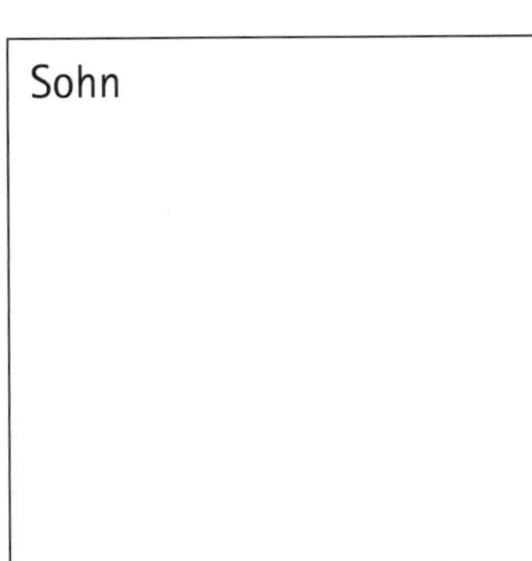


Der kleine Auskneifer – aus: e.o. plauen „Vater und Sohn" in: Gesamtausgabe Erich Ohser, © Südverlag GmbH, Konstanz 2000

▶ Rechts und links neben den Bildern der Bildergeschichte ist Platz. Trage ein: Was sagt/was denkt jeweils der Vater und/oder der Sohn?

# Station 2: Der verlorene Sohn (Block A)

▶ Lies in der Bibel den ersten Teil des Gleichnisses vom verlorenen Sohn (Lukas 15,11–24). Betrachte das Bild. Schreibe in die Denkblasen: a) wie der Sohn sich seine Rückkehr vorgestellt hat, b) wie der Vater die Rückkehr des Sohnes erlebt, c) wie der Sohn seinen Empfang durch den Vater erlebt.

## Station 3: Meinungsbarometer (Block A)

| | | | |
|---|---|---|---|
| 1. Ich spiele lieber das Unschuldslamm, als dass ich zugebe, dass ich schuld bin. | 2. Ich finde, man muss bereit sein, Verantwortung zu übernehmen und Schuld auf sich zu nehmen. | 3. In Konfliktsituationen bin ich wie gelähmt, wenn der Lehrer fragt: „Wer war das?" | 4. Da die Lehrer nur bestrafen, lohnt es sich nicht, die Wahrheit zu sagen. |
| 5. Wenn es ernst wird, schiebe ich die Schuld jemand anderem in die Schuhe. | 6. Wenn es ernst wird, tue ich so, als wäre ich es nicht gewesen. | 7. Ich kann dazu stehen, wenn ich Mist gebaut habe. | 8. Es war in der Schule schon immer so, dass ich schuld war, wenn es Ärger gab. |
| 9. Es tut ja nicht weh, anderen die Schuld in die Schuhe zu schieben. Es tut nur weh, wenn man Schuld zugeben muss. | 10. Wenn man Schuld zugibt, gibt es Ärger, lügt man, gibt es auch Ärger. | 11. Ich finde es nicht gut, anderen die Schuld zu geben. | 12. Problemen gehe ich möglichst aus dem Weg. |
| 13. Ich habe in der Schule gelernt, dass es sich nicht lohnt, die Wahrheit zu sagen. | 14. Wenn ein Lehrer zu streng ist, trau ich mich nicht, Schuld zuzugeben. | 15. Es hilft mir, zunächst einmal die Schuld von mir zu weisen. | 16. ... Wie auch wir vergeben unseren Schuldigern ... |

▶ Wähle vier der Aussagekarten. Trage deine vier Aussagen (Nr., Stichwort) in deine Ja-/Nein-Karte ein und kreuze an, ob du zustimmst oder nicht. Die Einzelergebnisse werden später in der Gruppe/Klasse ausgewertet und besprochen.

| Aussage | Ja | Nein |
|---|---|---|
| | | |
| | | |
| | | |
| | | |

# Station 4: Lohnt sich Wahrheit? (Block A)

Es knallt! Peng! Der Ball prallt vom Garagentor zurück zu Max. Seine gezielten Spannschüsse treffen immer wieder das blecherne Tor. Noch nie hat ein Ball sein Ziel verfehlt. Wie eine Ball-Schuss-Maschine schießen er und sein Freund Adrian einen Ball nach dem anderen in Richtung Garage. Da kommt Michael vorbei. „Hey, kann ich bei euch mitspielen?", fragt er vorsichtig. Max antwortet: „Okay, ausnahmsweise – obwohl du ja nicht zu unserem Club gehörst."

Die drei beginnen zu spielen. Nacheinander fliegen die Bälle an das Tor. Wieder einmal ist Max an der Reihe: Plötzlich – in einem Moment der Unsicherheit – rutscht Max der Ball ab. Das Leder fliegt auf die Fenster des Nachbarhauses zu. Es klirrt. Scherben fallen zu Boden. Max, Adrian und Michael rennen davon. Max schwitzt, seine Hände werden feucht! „Ob mich jemand gesehen hat?", fragt er sich. Er hat ein schlechtes Gewissen.

Max versteckt sich hinter einem Gebüsch. Adrian und Michael sind längst verschwunden. Der Nachbar kommt schnaubend und wutentbrannt aus der Tür. „Verfluchte Bengel!", schreit er. „Wer das war, kann was erleben!"

Plötzlich hat Max eine Idee. Selbstbewusst und ohne Angst kommt Max hinter dem Busch hervor. „Hallo, Herr Peters!", ruft er. „Wir haben hier gerade Fußball gespielt. Ich kann Ihnen sagen, wer das war, das mit Ihrer Scheibe. Michael war's, der Sohn von den Schmitts. Der ist natürlich gleich verschwunden."

▶ Notiere: Wo entdeckst du Schuld? Wie geht Max mit seiner Schuld um?

| Max hat ein schlechtes Gewissen, weil … | Max schiebt die Schuld von sich weg, weil … | Max schiebt die Schuld auf Michael, weil … |
|---|---|---|
| | | |

▶ Schreibe die Geschichte weiter – bitter, versöhnlich oder überraschend. (Du kannst die Rückseite dieses Arbeitsblatts benutzen – oder dein Heft.)

# Station 5: Internetrecherche (Block A)

▶ Suche nach Erklärungen für die Begriffe/Themen.

Hilfreich ist: www.wikipedia.de

| Sündenbock | Verlorener Sohn |
|---|---|
| | |
| | |
| | |
| | |
| | |
| | |
| | |
| | |
| | |

▶ Schreibe selbst einen Internet-Lexikon-Artikel über Schuld und alles, was dazu gehört – Gewissen, Leugnen, Abwälzen, Gestehen, Vergeben.

# Station 6: Fahrend in einem bequemen Wagen (Block B)

Fahrend in einem bequemen Wagen
Auf einer regnerischen Landstraße
Sahen wir einen zerlumpten Menschen bei Nachtanbruch
Der uns winkte, ihn mitzunehmen, sich tief verbeugend.
Wir hatten ein Dach und wir hatten Platz und wir fuhren vorüber
Und wir hörten mich sagen, mit einer grämlichen Stimme: Nein
Wir können niemand mitnehmen.
Wir waren schon weit voraus, einen Tagesmarsch vielleicht
Als ich plötzlich erschrak über diese meine Stimme
Dies mein Verhalten und diese
Ganze Welt

Bertolt Brecht, Werke. Große kommentierte Berliner und Frankfurter Ausgabe, Band 14, Gedichte 4, © Suhrkamp Verlag Frankfurt a. M. 1993

▶ Beschrifte die Denkblasen mit den Gedanken a) des Erzählers, als er sagt: Wir können niemanden mitnehmen, b) des Anhalters, als die Kutsche vorbeigefahren ist, c) des Erzählers, einen Tagesmarsch später.

# Station 7: Kain, was tust du? (Block B)

▶ Lies in der Bibel im 1. Buch Mose die Geschichte von Kain und Abel (1 Mose 4, 1–16). Kains Tat (2) hat ein Vorher (1) und ein Nachher (3). Trage jeweils die wichtigsten Punkte in die entsprechenden Spalten ein: Was wird getan, gesagt, gedacht? Von wem? Bei (2) hilft dir ein Bild.

| | |
|---|---|
| (1) Vorher: | |
| (2) | |
| (3) Nachher: | |

Holzschnitt von Karl Rössing: Brudermord, 1948

▶ Zusatzaufgaben (für die Rückseite des Arbeitsblatts):

▶ Warum hat der Künstler den Mord in eine Hand gemalt? In wessen? Erkläre, was das für die Tat, den Täter und das Opfer bedeutet.

▶ Vergleiche die Geschichte von Kain und Abel mit der Geschichte vom Verlorenen Sohn. Finde und erläutere eine Gemeinsamkeit.

# Station 8: Was habe ich getan? (Block B)

Anonym im Internet

Es gibt etwas, das sich immer wieder in mein Leben einschleicht. Etwas, das meinen Tag verdunkelt, mir die Laune verderben und mir das Leben schwer machen kann. Das schlechte Gewissen. Plötzlich meldet sich eine innere Stimme: „Hey, überleg mal. Da hast du aber wieder Mist gebaut! Das war nicht gut, was du gemacht hast."

Bisher habe ich die Stimme immer unterdrückt, bekämpft und versucht sie irgendwie „wegzubringen". Aber sie ist immer wieder zurückgekommen. Nur für kurze Zeit schaffe ich es, die Situationen zu vergessen, in denen ich mich falsch verhalten habe und/oder andere Menschen verletzt habe. Die Erinnerungen an meine falschen Taten kommen immer wieder. Wie werde ich diese Stimme nur los?

Es tut weh, wenn sie sich meldet. Ich habe noch nicht probiert, mit meinen Eltern oder mit den Lehrern zu reden. Aber das würde ja sowieso mächtig Ärger geben und eine Strafe bekäme ich auch. Aber es nervt mich, dieses blöde Gefühl. Es erinnert mich immer daran, was ich falsch gemacht habe. Es kommt immer wieder! Ich kann schon nicht mehr richtig schlafen. Hau endlich ab!

▶ Sagen wir, dieses Mädchen heißt Sara. Sei Saras „schlechtes Gewissen" und antworte ihr: Rücke dich in ein besseres Licht und erkläre Sara, warum du sie „nervst". (Auf der Rückseite dieses Arbeitsblatts kannst du weiterschreiben.)

# Station 9: Meinungsbarameter (Block B)

| | | | |
|---|---|---|---|
| 1. Das Gewissen ist wie eine innere Stimme. Sie hilft mir, mein Verhalten richtig einzuschätzen. | 2. Wenn man einen anderen Menschen schlägt, sollte man ein schlechtes Gewissen bekommen. | 3. Wenn man während einer Klassenarbeit spickt, sollte man ein schlechtes Gewissen bekommen. | 4. Das Gewissen kann man auch mal abschalten, sodass es sich nicht bemerkbar macht. |
| 5. Kain hat seinen Bruder getötet. Er muss ein schlechtes Gewissen haben. | 6. Wenn ein Lehrer einen Schüler benachteiligt, sollte er ein schlechtes Gewissen haben. | 7. Wenn ich ein schlechtes Gewissen habe, traue ich mich nicht, darüber zu reden. | 8. Wenn ich Geld finde und es nicht abgebe, bekomme ich ein schlechtes Gewissen. |
| „Du sollst nicht lügen" steht in den Geboten. Auch wegen Notlügen muss man ein schlechtes Gewissen haben. | Wenn ich an einem Bettler vorbeigehe, ohne ihm etwas zu geben, habe ich ein schlechtes Gewissen. | Wenn ich nach einem Konflikt das Unschuldslamm spiele, meldet sich mein Gewissen. | Mein Gewissen meldet sich, wenn ich anderen die Schuld in die Schuhe geschoben habe. |
| Wenn ich ein schlechtes Gewissen habe, merkt man mir das an. | Ich kann mit meinen Freunden sprechen, wenn ich ein schlechtes Gewissen habe. | Wenn ich unsicher bin, ob mein Verhalten richtig war, gibt mein Gewissen mir die Antwort. | Nach einer Schlägerei bin ich oft so wütend, dass ich kein schlechtes Gewissen haben kann. |

▶ Wähle vier der Aussagekarten. Trage deine vier Aussagen (Nr., Stichwort) in deine Ja-/Nein-Karte ein und kreuze an, ob du zustimmst oder nicht. Die Einzelergebnisse werden später in der Gruppe/Klasse ausgewertet und besprochen.

| Aussage | Ja | Nein |
|---|---|---|
| | | |
| | | |
| | | |
| | | |

## Station 10: Internetrecherche (Block B)

▶ Suche nach Erklärungen für den Begriff/die Geschichte/das Gedicht.

Hilfreich sind: www.wikipedia.de und www.google.de.

| Schlechtes Gewissen | Kain (und Abel) | Fahrend in einem bequemen Wagen (B. Brecht) |
|---|---|---|
| | | |
| | | |
| | | |
| | | |
| | | |
| | | |
| | | |

▶ Schreibe selbst einen Internet-Lexikon-Artikel über das Gewissen: Wie funktioniert es? Wann hilft es, wann „nervt" es? Wie geht man damit um?

# Station 11: Die Goldene Regel (Block C)

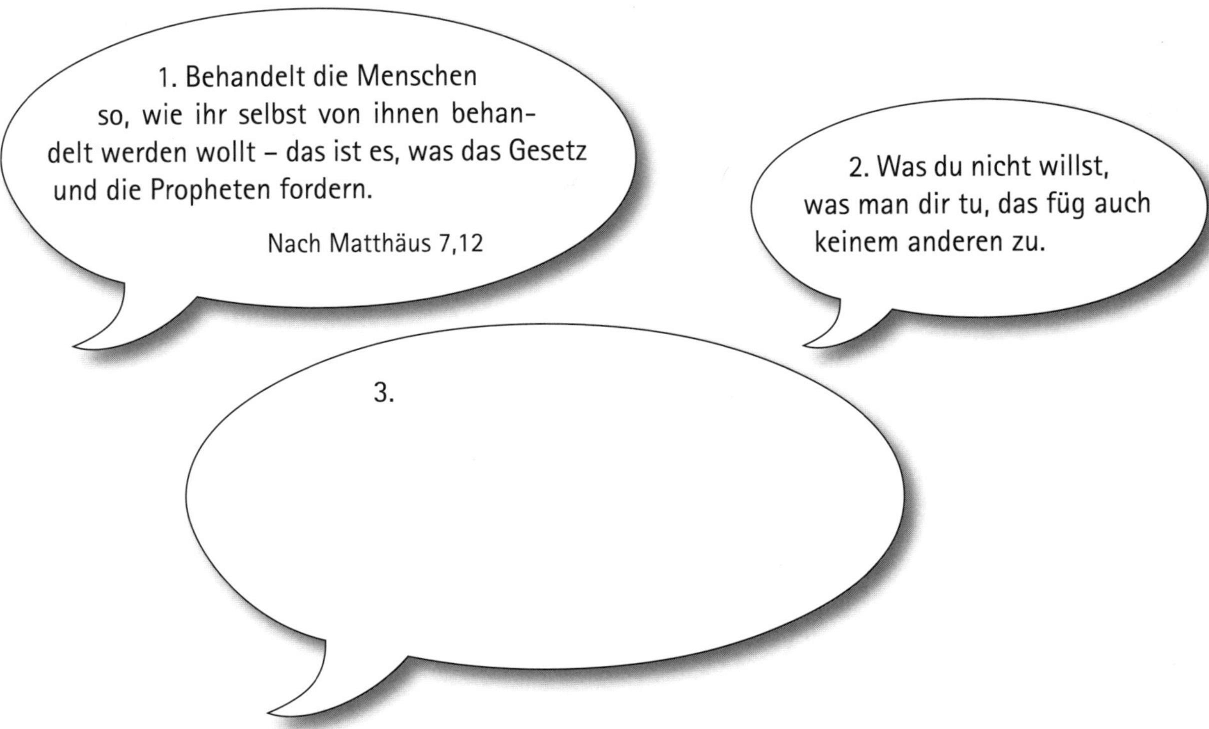


- Nr. 1 – die sogenannte Goldene Regel – ist eng verwandt mit der Redewendung Nr. 2. Schreibe in Nr. 3, wie du das Gleiche ausdrücken würdest.
- Erzähle dann eine Geschichte, in der die Goldene Regel eine Rolle spielt.

# Station 12: Die Selbstanwendung (Block C)

▶ Entwickle aus der Goldenen Regel 7 Regeln für das Miteinander in der Klasse (siehe Beispiel).

Ich möchte im Unterricht nicht geärgert werden;
aus diesem Grund ärgere ich auch niemanden.

Ich ______________________________

______________________________

______________________________

Ich ______________________________

______________________________

______________________________

Ich ______________________________

______________________________

______________________________

Ich ______________________________

______________________________

______________________________

Ich ______________________________

______________________________

______________________________

Ich ______________________________

______________________________

______________________________

# Station 13: Achtung: Konflikt! (Block C)

- Lies die Szenen-Beschreibungen und beurteile sie: Kann daraus ein Konflikt entstehen? Kreuze an.
- Bereite dich darauf vor, deine Entscheidung zu erläutern und auszuführen, wie die Szene deiner Meinung nach weitergeht/weitergehen könnte.
- Erfinde drei weitere Szenen dazu.

| Szenen | ja | nein |
|---|---|---|
| Peter und Andreas spielen Basketball – jeder gegen jeden. Beide wollen unbedingt gewinnen. | | |
| Maren und Conny sind beste Freundinnen. Anna ist neu in der Klasse und lädt Maren zu sich nach Hause ein. | | |
| Stefan lacht Andrea aus, weil sie schon wieder eine 5 in Englisch geschrieben hat. | | |
| Bianca ärgert sich über ihr Gipsbein. Sie kann nicht richtig mit den anderen spielen und ist traurig. | | |
| Benjamin hat sich das Fahrrad von seinem Freund ausgeliehen. Er stürzt und das Fahrrad ist beschädigt. | | |
| Astrid steht in einer langen Warteschlange vor dem Kino. Sie drängelt sich vor. Andere Leute beschweren sich. | | |
| Jan will Fußball im TV sehen. Seine Schwester Anni will lieber eine Tiersendung sehen. | | |
| | | |
| | | |
| | | |

# Station 14: Meinungsbarometer (Block C)

| | | | |
|---|---|---|---|
| 1. Es reicht doch wohl der Ärger, den der Konflikt mit sich bringt. Wozu dann noch eine Strafe? | 2. Ich habe nach Konflikten oft erlebt, dass ich fertiggemacht wurde. | 3. Auge um Auge, Zahn um Zahn. Wenn er mich beleidigt, beleidige ich ihn zurück. | 4. Ich schlage niemanden, weil ich nicht geschlagen werden möchte. |
| 5. Wenn ich spüre, dass mich ein Lehrer mag, sage ich ihm nach Konflikten eher die Wahrheit. | 6. Ich bemühe mich, meine Schuld nicht mehr anderen in die Schuhe zu schieben. | 7. Ich bekomme ein schlechtes Gewissen, wenn ich lüge. Deshalb sage ich die Wahrheit. | 8. Eine kluge Strafe wäre es, wenn die beiden Streithähne gemeinsam etwas für die Klasse tun müssten. |
| 9. Manchmal bringt reden gar nichts. Da hilft es, einander aus dem Weg zu gehen. | 10. Nach einem Konflikt sollte der Lehrer erst einmal Ruhe einkehren lassen und später darauf zurückkommen. | 11. Wenn der Lehrer mich während oder nach einem Konflikt anschreit, bringt das nichts. | 12. Ich kann Verantwortung für mein falsches Handeln übernehmen. Aber der Lehrer sollte mir helfen. |
| 13. Ich finde, „Wahrheit lohnt sich" sollte eine wichtige Regel in unserer Klasse sein. | 14. Ohne Konflikte funktioniert das Leben nicht. | 15. Streithähne sollen lernen: Sie müssen sich nicht mögen, aber einander akzeptieren. | 16. Wenn ich jemanden verletzt habe, bemühe ich mich um Wiedergutmachung. |

▶ Wähle vier der Aussagekarten. Trage deine vier Aussagen (Nr., Stichwort) in deine Ja-/Nein-Karte ein und kreuze an, ob du zustimmst oder nicht. Die Einzelergebnisse werden später ausgewertet und besprochen.

| Aussage | Ja | Nein |
|---|---|---|
| | | |
| | | |
| | | |
| | | |

## Station 15: Klagemauer (Block C)

▶ Was ist die Klagemauer? Schlage im Lexikon nach.

___

___

___

▶ Zu zweit: Schreibt eurer Lehrerin/eurem Lehrer einen Klagebrief. Bringt sachlich zur Sprache, was euch nicht passt. Aber: Der/die Lehrer/in darf sich auch bei euch beschweren!

Liebe Frau/lieber Herr ______________________________ ,

7./8. Klasse

# Aufbrechen (müssen): Abraham, Mose, Ausländer heute

## *Thematisches Stichwort*

Auszug und Aufbruch sind in der Bibel wichtige Themen und sollen hier mit Hilfe der beiden zentralen Gestalten Abraham und Mose entfaltet werden.

Der Abrahamzyklus gehört zu den Vätergeschichten und ist einzuordnen in die Zeitspanne von 2200 bis 1200 v. Chr. Bei Abraham ist der Aufbruch Ausdruck des Vertrauens in Gott. Abraham verlässt die Sicherheit und den Wohlstand seiner Heimat und lässt sich auf die Unsicherheiten und Gefahren des Nomadenlebens ein.

Zugespitzt ist das Aufbruch-Motiv auf den Aspekt des Verzichts: Abraham verlässt die Sicherheit der Sippe, überlässt Lot den fruchtbareren Teil des Landes und er ist sogar bereit, seinen geliebten Sohn zu opfern. Auf all das lässt er sich ein, obwohl er nicht über den Zweifel erhaben ist. Gott entlohnt ihn, indem sich seine Verheißungen an Abraham erfüllen. Die Sch. lernen anhand der Abraham-Geschichten die Lebensweise der Väter kennen, andererseits erfahren sie etwas von diesem urwüchsigen Vertrauen, das Abraham in seinen Gott setzt.

Zentrales Motiv der Moseerzählung ist die Rettung – die Rettung aus lebensbedrohlicher Not sowie die Rettung vor moralischem und religiösem Zerfall. Gott geht mit seinem Volk einen unverbrüchlichen Bund ein, er begleitet, beschützt und lenkt zurück auf den rechten Weg. Am Sinai nimmt eine Übertragung der Verantwortung Gestalt an: Bis hierher hat Mose das Volk gerettet und geführt, von da an leitet und rettet die von Mose gestiftete Tora (das Gesetz). Das Halten der Gesetze führt zu Gott.

Die Sch. sollen die Traditionen des Judentums und die damit verbundenen Erfahrungen, aus denen es auch heute sein Selbstverständnis ableitet, kennenlernen. Gleichzeitig soll ihnen Gottes Angebot der Nähe und Rettung („Ich bin da!") deutlich werden.

Abgesehen von Abraham und Mose: Aufbruch, Umzug, Auszug betreffen unsere Schülerinnen und Schüler ganz konkret. Gerade in der Klassenstufen 7/8 machen sie sich auf die äußerst beschwerliche innerliche und äußerliche Reise ins Erwachsenenleben.

Migration, Immigration, Integration sind Stichwörter der aktuellen Debatte. Was bringt einen Menschen dazu, sein Heimatland zu verlassen? Welche Schwierigkeiten begegnen ihm auf diesem Weg? Wie kann ich meine eigene Identität finden?

Auch mit diesen Fragen sollen die Sch. im Verlauf der Einheit konfrontiert werden. Antworten können dabei nicht vorgegeben werden, wohl aber Impulse zur konstruktiven Auseinandersetzung.

## *Kompetenzen*

Die Schülerinnen und Schüler

- ▷ kennen Stationen aus dem Leben von Abraham und Mose und können sie nacherzählen;
- ▷ können die Erzählmotive Aufbruch, Umzug, Auszug auf eigene Lebenserfahrungen beziehen;
- ▷ können Beispiele für Vertreibungsproblematiken unserer Zeit nennen und bewerten;
- ▷ können Aspekte ihrer eigenen Lebensplanung problematisieren und erörtern.

## *Zu den Stationsvorschlägen*

Für die Station „Vom richtigen Weg abkommen" sind besondere Materialien bereitzustellen: Din-A3-Karton, Broschüren, Kataloge, Zeitschriften.

## *Literatur*


Lindner, H.: Kindern Theologie zeigen – Ein bilddidaktischer Ansatz zur biblischen Theologie Marc Chagalls im Religionsunterricht, http://www.rpi-loccum.de/linkin.html

UNHCR: Jugendliche Flüchtlinge in Afrika – die Zukunft aufbauen. Unterrichtsmaterialien für Schüler der 7. bis 11. Klasse, 2003

# Station 1: Aufbruch, Auszug, Exodus (Block A)

## A. Aufbruch ins Ungewisse – damals

Geh aus deinem Vaterland und von deiner Verwandtschaft und aus deines Vaters Haus in ein Land, das ich dir zeigen will. 1 Mose 12,1

Das sagt ____________________ zu ____________________ .

## B. Exodus = Auszug aus dem Elend – damals

Ich will euch aus dem Elend Ägyptens führen ... in das Land, darin Milch und Honig fließt. 2 Mose 3,17

Das sagt ____________________ zu ____________________.

## C. Umbruch – heute

1. Wenn ich achtzehn bin ... / 2. Wenn Papa einen neuen Job findet ... / 3. Wenn Mama sich von Papa trennt ...

dann ________________________________________________________________

________________________________________________________________________

▶ A bis C markieren drei Aspekte des Themas dieser Einheit. Verschaffe dir einen Überblick, indem du
- für A und B herausfindest (nachschlagen!), wer zu wem spricht;
- für C einen der drei Sätze mit eigenen Worten fortführst.

▶ Finde zu jedem Anfangsbuchstaben der vorgegebenen Wörter je ein Wort, das zum Thema passt.

| | | | | | |
|---|---|---|---|---|---|
| A | | E | | U | |
| U | | X | | M | |
| F | | O | | B | |
| B | | D | | R | |
| R | | U | | U | |
| U | | S | | C | |
| C | | | | H | |
| H | | | | | |

## Station 2: Auf der Flucht (Block A)

Es gibt viele Gründe, sein Land zu verlassen, zum Beispiel:

________________ ________________ ________________ ________________

________________ ________________ ________________ ________________

Viele Menschen verlassen ihr Land unfreiwillig. Man nennt sie Flüchtlinge.*

Wenn jemand zum Flüchtling wird, kann er seine Reise nicht planen. Er muss plötzlich aufbrechen. Vielleicht kennt er nicht einmal sein Ziel. Überlege, was du mitnehmen würdest auf so eine plötzliche, ungewisse Reise. Denke daran, du musst dein Gepäck selbst tragen! (Schreibe die Begriffe in den Rucksack.)

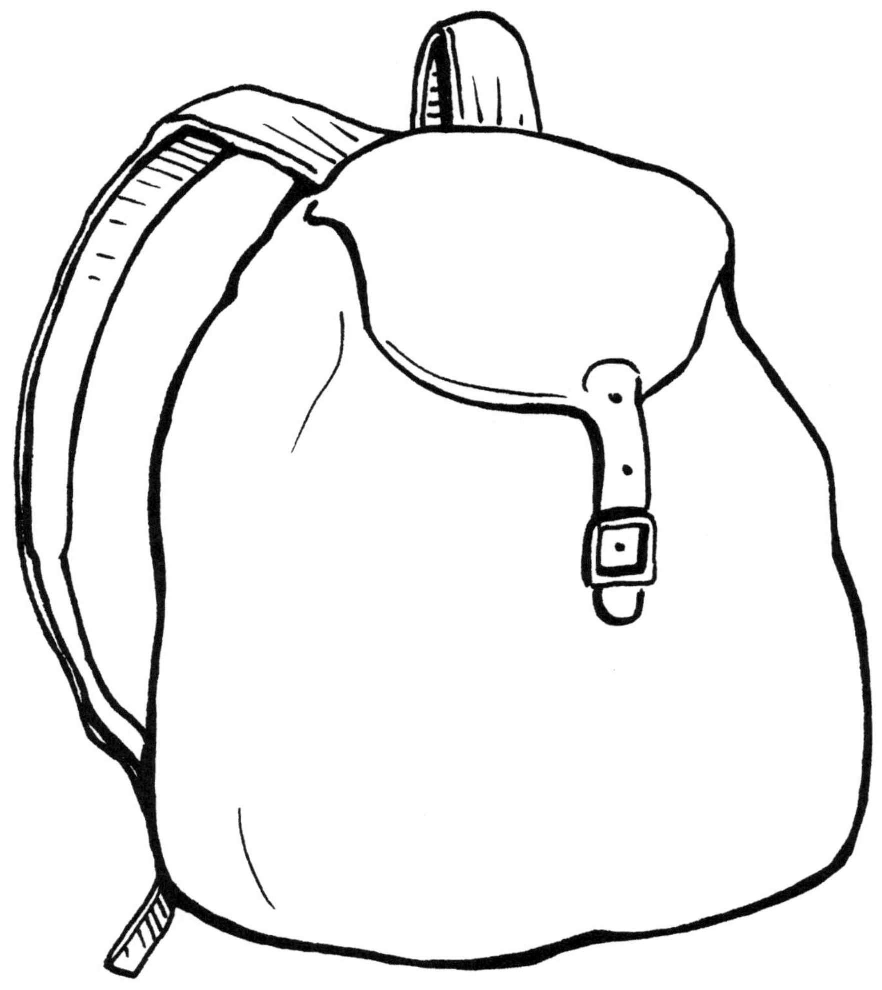

* Definition der „Hohen Flüchtlingskommission der Vereinten Nationen" (UNHCR): Ein Flüchtling ist eine Person, die „aus begründeter Furcht vor Verfolgung wegen ihrer Rasse, Religion, Nationalität, Zugehörigkeit zu einer bestimmten sozialen Gruppe oder wegen ihrer politischen Überzeugung" eine internationale Grenze überschritten hat.

# Station 3: In der Lehre (Block A)

Es war einmal vor langer Zeit, da lebte in einer ärmlichen Hütte Joscha der Holzfäller, mit seinem Sohn Ondra. Der Sohn war fleißig und gutherzig und hatte das Handwerk seines Vaters erlernt. Joscha war stolz auf seinen Sohn, doch es gab eine Sache, die ihm große Sorge bereitete: Der Junge konnte sich einfach nicht fürchten. Ondra war wagemutig und übermütig. Sein Vater hatte große Sorge, dass Ondra sich vielleicht wegen seiner Waghalsigkeit einmal ernsthaft verletzen oder gar sterben könnte. „Übermut tut selten gut", pflegte Joscha zu sagen.

Eines Tages, nachdem Ondra bei einem schweren Gewitter sein Leben riskiert hatte, um eine brennende Eiche zu fällen, sprach Joscha: „Mein lieber Sohn, ich will dich in die Welt schicken, das Fürchten zu lernen. Nimm dieses Bündel und das bisschen Geld, das ich gespart habe, mit auf deinen Weg." Und so zog Ondra aus, auf der Suche nach etwas, vor dem er sich fürchten könnte ...

▶ Schreibe für dieses Märchen ein eigenes Ende (auf der Rückseite dieses Arbeitsblattes oder in deinem Heft/Ordner). Mache dir vorher Gedanken über den Text und notiere Stichwörter in folgender Tabelle:

Was hofft der Vater?

Was denkt der Sohn?

Wieso ist es nötig,
das Fürchten zu lernen?

Wie lernt man das Fürchten?
Und wieso nicht zu Hause?

# Station 4: Zu Gast oder zu Hause? (Block A)

Dein Christus ein Jude

Dein Auto ein Japaner

Deine Pizza italienisch

Deine Demokratie griechisch

Dein Kaffee brasilianisch

Dein Urlaub türkisch

Deine Zahlen arabisch

Deine Schrift lateinisch

______________________________

______________________________

______________________________

Und dein Nachbar nur ein Ausländer?

Urheber unbekannt, genutzt für eine Aktion der deutschen Städtereklame 1993

▶ Was fällt dir noch ein, das zu deinem Alltag dazugehört und nicht aus Deutschland stammt? – Schreibe das Gedicht einige Zeilen weiter (vor der Pointe!).

„Können Sie mir mal erklären, worauf Sie mit dieser Aktion hinauswollen?", schreibt eine Frau, die die Städtereklame gesehen hat, an den Bürgermeister. – Antworte ihr.

# Station 5: Abrahams Weg (Block B)

▶ Setze Abrahams Weg richtig zusammen, indem du die Buchstaben der Etappen in der richtigen Reihenfolge in die Weg-Marken einsetzt. Zur Selbstkontrolle: Die Buchstaben ergeben den Namen des ersten Sohns.

| | |
|---|---|
| M | Abraham und Sara hofften vor allem auf Nachkommen. Aber Sara gebar, bis sie alt war, nicht ein einziges Kind. |
| L | Abraham war schon hundert Jahre alt, als Sara ihren ersten Sohn gebar. Abraham konnte das Wunder kaum fassen. Gott hatte sein Wort gehalten. |
| S | Abraham nahm seine Frau Sara und seinen Neffen Lot und brach auf. Er vertraute Gottes Wort, dass ihm dieser Aufbruch zum Segen werden würde. |
| A | Da schlug Sara Abraham vor, er solle Saras Magd Hagar an ihrer Stelle zur Mutter machen. Und Hagar gebar Abraham einen Sohn. |
| I | Abraham lebte in Haran und er lebte dort gut. Aus heiterem Himmel hörte er die Stimme Gottes, die ihn zum Aufbruch rief. |
| E | Als Hagars Sohn geboren war, erneuerte Gott sein Versprechen: Sara würde das Kind gebären, das Abraham zu einem großen Volk machen sollte. |

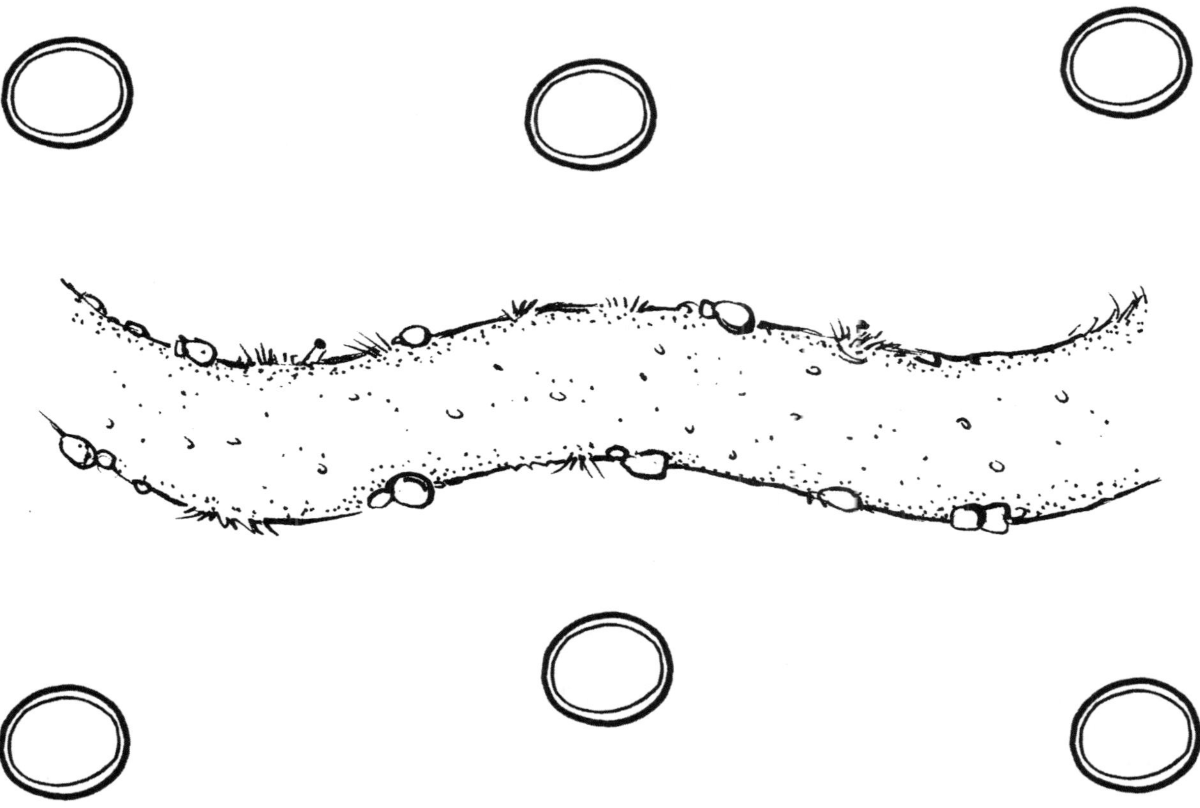

# Station 6: Abrahams Gott (Block B)

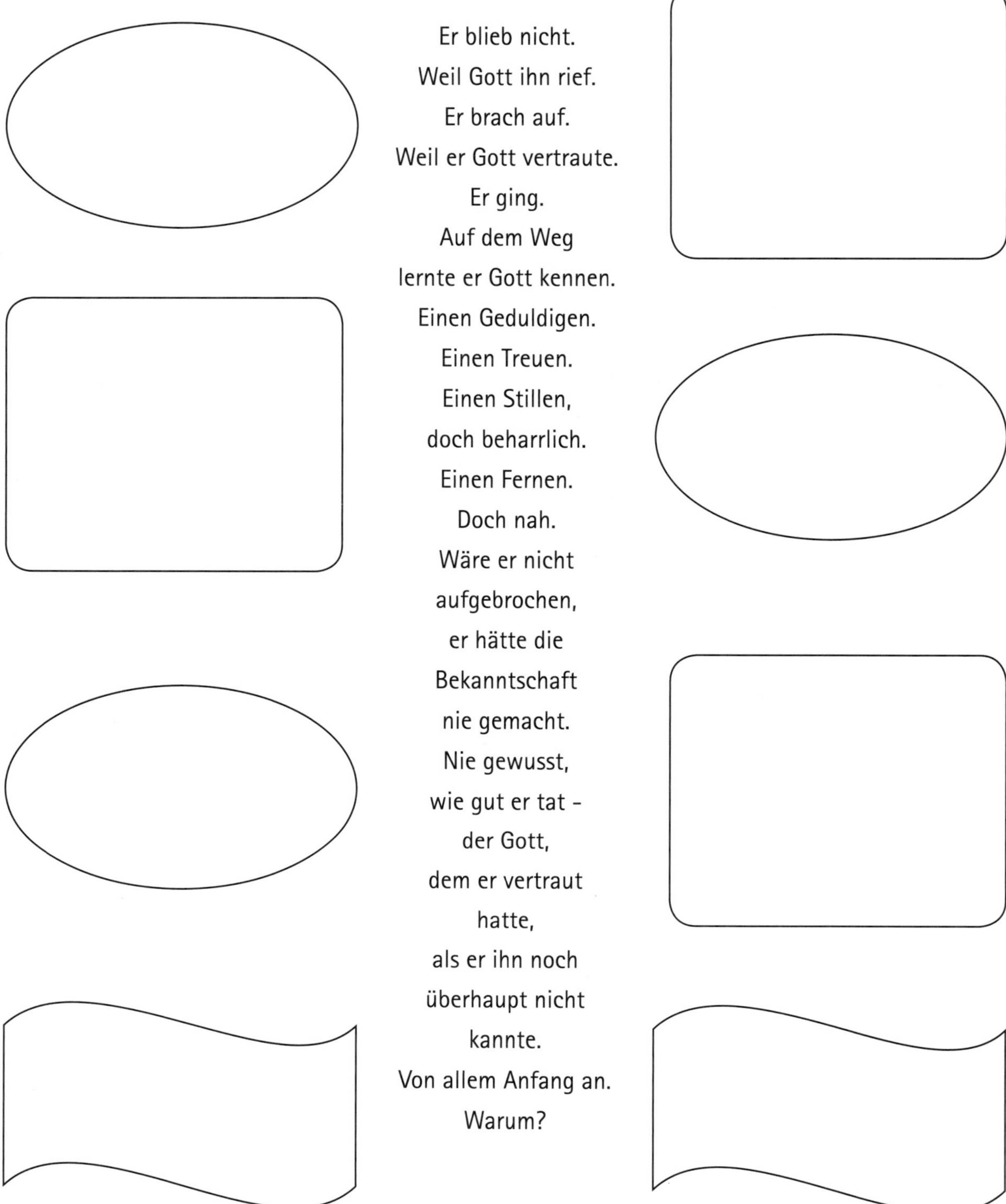

Er blieb nicht.
Weil Gott ihn rief.
Er brach auf.
Weil er Gott vertraute.
Er ging.
Auf dem Weg
lernte er Gott kennen.
Einen Geduldigen.
Einen Treuen.
Einen Stillen,
doch beharrlich.
Einen Fernen.
Doch nah.
Wäre er nicht
aufgebrochen,
er hätte die
Bekanntschaft
nie gemacht.
Nie gewusst,
wie gut er tat -
der Gott,
dem er vertraut
hatte,
als er ihn noch
überhaupt nicht
kannte.
Von allem Anfang an.
Warum?

- Ein Gedicht über Abrahams Weg. An zwei Stellen findest du das Wort „vertrauen"; markiere es farbig. Kläre, was das ist: Vertrauen. Suche im Internet, im Lexikon nach Definitionen, finde Beispiele aus deinem eigenen Erleben. Schreibe deine Funde um das Gedicht herum.
- Mit deinen eigenen Worten: Wonach fragt das letzte Wort „Warum" – und welche Antwort würdest du geben? Schreibe auf die Rückseite des Arbeitsblatts.

# Station 7: Abrahams Opfer (Block B)

| | |
|---|---|
| Als Gott sagte: Geh – ist Abraham gegangen. | Und gewann Zukunft. |
| Als Lot sagte: Ich will – hat Abraham ihm gegeben. | Und gewann Frieden. |
| Als Gott sagte: Opfere – war Abraham bereit. | Und gewann<br>die Gewissheit,<br>dass Gott in Wahrheit<br>keine Opfer will. |

Als Gott aber sagte: Zwei Städte will ich zerstören – da sagte Abraham nein.

▶ Diese Zusammenfassung des Weges Abrahams spielt auf vier Geschichten an; Ordne sie zu.

| | |
|---|---|
| 1 Mose 22,1–3 und 9–14:<br>Abrahams Versuchung | 1 Mose 12,1–4:<br>Abrahams Berufung |
| 1 Mose 18,20–33: Abraham handelt mit Gott um Sodom und Gomorra | 1 Mose 13,5–12:<br>Abraham und Lot trennen sich |

▶ Lies nach in der Bibel: 1 Mose 18,20–33. Schreibe den Dialog mit eigenen Worten.

| | |
|---|---|
| Gott | |
| Abraham | |
| Gott | |
| Abraham | |
| Gott | |
| Abraham | |
| Gott | |
| Abraham | |
| Gott | |
| Abraham | |

▶ Besprecht später beim Vorstellen der Dialoge: Warum gibt Abraham ausgerechnet hier nicht nach?

## Station 8: Erinnern an die Befreiung (Block C)

Zur Erinnerung an die Befreiung aus der Knechtschaft in Ägypten feiern die Juden Pessach, auch Passa oder Pascha genannt. Es ist eines der wichtigsten jüdischen Feste.

Das Fest beginnt mit dem Seder-Abend. Seder bedeutet Ordnung. Er heißt so, weil er nach einem festgelegten Ritual, einer festen Ordnung, abgehalten wird.

Am Seder-Abend werden ganz bestimmte Speisen gegessen, die an das Geschehen damals erinnern.

| | |
|---|---|
| Mazzen (ungesäuertes Brot) | Es erinnert an die Flucht aus Ägypten. Es blieb keine Zeit, den Teig durchsäuern zu lassen. |
| Salzwasser | Es erinnert an die Tränen der Israeliten. |
| Bittere Kräuter | Sie erinnern an die harte Knechtschaft in Ägypten. |
| Gebratener Lammknochen | Er erinnert an das Opferlamm, das früher im Tempel in Jerusalem geopfert wurde. |
| Gekochtes Ei | Es ist Zeichen für die Zerbrechlichkeit menschlichen Lebens, zugleich auch Zeichen der Fruchtbarkeit und neuen Lebens. |
| Charosset (ein Mus aus Früchten und Nüssen) | Das Charosset steht für den Lehm, aus dem die Israeliten in Ägypten Ziegel formen mussten. |

▶ Ordne den Zutaten auf dem Seder-Teller die richtigen Namen zu.

# Station 9: Erinnern an die Knechtschaft (Block C)

▶ Erinnere dich an/informiere dich über die alttestamentliche Geschichte von Josef und seinen Brüdern. Notiere, wie Israel nach Ägypten kam:

___

___

▶ Lies in der Bibel: 2 Mose 8–11. Notiere, wie es Israel – viele Jahre nach Josef – in Ägypten erging:

___

___

Aus: Neue Schulbibel, Benziger/Herder/Kaufmann/Kösel, Köln/Zürich, Freiburg/Lahr/München 1973, S. 22f.

Auf diesem Wandfries kannst du erkennen, welche schweren Arbeiten die Israeliten in Ägypten tun mussten. Hier ist die Ziegelherstellung abgebildet.

▶ Bringe die Aktionen in die richtige Reihenfolge, indem du sie nummerierst. Beschrifte mit den Nummern den Wandfries.

| Nr. | Aktion |
|---|---|
| | Der Lehm wird in rechteckige Formen gepresst. |
| | Der Lehm wird geknetet. |
| | Die Steine werden an Jochstangen zur Baustelle transportiert. |
| | Die Steine werden zum Trocknen in der Sonne gestapelt. |
| | Die Steine werden zum Bauen verwendet. |
| | In Krügen wird Wasser geschöpft, um die Erde zu befeuchten. |

# Station 10: Erinnern an Mose (Block C)

| | | | |
|---|---|---|---|
| Anfang | Die Tochter des Pharao findet Mose in einem Binsenkörbchen. |  | In der Wüste hat das Volk Israel Hunger. Gott schickt ihnen Manna, Himmelsbrot. |
|  | Ende |  | Mose sieht das gelobte Land vom Berg Nebo. |
|  | Mose teilt mit seinem Stab das Meer. Die Wachen des Pharao ertrinken. |  | Gott schickt dem Pharao Plagen. Endlich lässt er das Volk Israel ziehen. |
|  | Mose spricht mit Pharao, doch der will die Israeliten nicht ziehen lassen. |  | Die Israeliten glauben nicht mehr an Gott. Sie tanzen um das Goldene Kalb. |
|  | Gott erscheint Mose in einem brennenden Dornbusch |  | Gott vergibt. Er gibt Mose die 10 Gebote noch einmal. (Die ersten Tafeln hatte Mose zerschlagen.) |

▶ Schneide die Domino-Karten aus und klebe sie in der richtigen Reihenfolge auf ein unbeschriebenes Blatt Papier.

# Station 11: Erinnern an einen Umweg (1) (Block C)

Mose hatte das Volk im Lager zurückgelassen. Er selbst war auf den Berg gestiegen, um mit Gott zu sprechen. Und er kam und kam nicht wieder. Das Volk wurde unruhig. Was wenn Mose nie mehr wiederkäme? Was, wenn sein Gott nur ein Hirngespinst war? „Komm, Aaron", sagten sie zu Moses Bruder. „Mach uns einen Gott, den wir sehen und anbeten können. Mach uns einen Gott, der so ist wie die Götter der anderen Völker."

▶ Erinnere dich (oder lies nach), wie es weitergeht mit dieser Vertrauenskrise des Volkes Israel (2 Mose 32,1–24). Notiere Stichwörter:

| Aus was besteht der „neue Gott"? | |
|---|---|
| Welche Form hat der „neue Gott"? | |
| Was tun die Israeliten mit dem „neuen Gott"? | |
| Warum sind Gott und Mose zornig über die Verehrung dieses „neuen Gottes"? | |

▶ „Machen" Menschen sich auch heute „Götter"? – Suche in Zeitschriften und Katalogen nach „Machbarem", das für manche Menschen so viel wert ist, als wäre es ein Gott. Klebe auf einem großen Blatt eine Collage – rund um das goldene Kalb.

# Station 12: Erinnern an einen Umweg (2) (Block C)

Der Weg in das Land der Zukunft ist nicht immer einfach. Man stößt auf Hindernisse, muss Umwege gehen, verläuft sich. Es ist wichtig, nicht vorzeitig aufzugeben. Hier einige Hindernisse, denen die Israeliten auf ihrem Weg durch die Wüste begegneten; **ergänze weitere.** Gott hat sein Volk auf dem Weg nicht im Stich gelassen. Auch wenn eine Situation ausweglos erschien – er hat geholfen; **schreibe unter die Hilferufe, wie Gott geholfen hat.**

| „Wir haben nichts mehr zu essen." | | „Das Wasser ist bitter!" |
|---|---|---|
| | | |
| | „Pharao lässt uns nicht ziehen!" | „Pharao verfolgt uns!" |
| | | |

▶ Wie ist das mit deinem eigenen Weg? **Zeichne ein Diagramm** von deinem bisherigen Leben. Der Anfangspunkt ist deine Geburt. Bei schönen Erlebnissen geht es nach oben (mathematisch positiv), bei schlechten oder traurigen nach unten (mathematisch negativ). **Beschrifte die Hoch- und Tiefpunkte.**

▶ Und weiter? Überlege, ob (und wenn ja, wie) du deinen Mitschülern darstellen willst, wie du das „Land der Zukunft" für dich siehst/erhoffst/erreichen willst.

# Station 13: Erinnern an Abraham und Mose (Block C)

▶ Finde 15 Begriffe aus den Geschichten von Abraham und Mose und markiere sie: Blau für die Treue bei Abraham; Grün für die Hoffnung auf Freiheit bei Mose.

| S | S | G | Z | B | S | K | O | B | V | T | L | K | M | A | N | N | A |
|---|---|---|---|---|---|---|---|---|---|---|---|---|---|---|---|---|---|
| J | I | K | C | S | C | H | A | F | E | X | C | Y | M | Q | A | W | S |
| E | N | E | R | D | F | Ü | G | V | T | H | M | Ä | O | Z | F | H | G |
| A | A | U | G | D | X | E | R | T | B | H | N | M | S | U | L | K | W |
| R | I | Q | M | B | T | S | A | R | A | H | X | S | E | T | E | I | P |
| F | G | Z | H | J | U | P | L | J | I | A | V | G | M | T | S | E | A |
| S | C | H | I | L | F | M | E | E | R | M | W | C | T | I | J | I | P |
| K | L | W | A | R | T | B | N | Z | U | D | H | I | M | S | S | H | C |
| E | E | R | V | M | U | I | J | E | S | O | M | F | G | R | A | O | B |
| M | F | T | A | M | J | K | T | L | O | P | B | C | R | A | D | N | R |
| I | E | D | B | M | M | N | L | Ö | T | Y | X | S | T | E | H | I | K |
| L | S | W | R | Q | E | T | F | R | O | S | C | H | P | L | A | G | E |
| C | F | T | A | B | Z | N | U | M | A | K | S | W | F | I | T | T | E |
| H | M | N | H | A | S | S | T | U | R | I | B | N | E | T | U | Z | F |
| J | I | S | A | A | K | U | F | R | A | B | N | H | K | E | L | L | O |
| I | C | V | M | E | S | S | A | W | H | T | N | Z | H | N | W | T | G |
| F | T | M | K | I | Y | W | S | F | P | B | Z | I | S | M | A | E | L |
| A | S | W | V | T | E | T | L | E | Z | Z | V | F | O | F | M | R | G |

▶ Notiere in je einem Satz: Was willst du dir merken a) über Abrahams Aufbruch, b) über Mose und den Exodus:

7./8. Klasse

# Hochmut kommt vor dem Fall: Die Erzählungen vom Turmbau und von Jona

## *Thematisches Stichwort*

Sowohl die Erzählung vom Turmbau zu Babel (1 Mose 11,1–9) als auch die alttestamentlichen Prophetengeschichten, für die hier das Buch Jona stellvertretend herausgegriffen ist, gehen von einer unüberbrückbaren Distanz zwischen Gott und Mensch aus. Die Welt Gottes und die Welt der Menschen sind als unterschiedliche Sphären zu denken, als letztlich unvereinbar.

Nicht alle Erzählungen des Alten Testaments kennen eine solche Distanz: In der Paradiesgeschichte (1 Mose 2) „wandelt Gott im Garten" – in demselben Garten, in den er auch den Menschen Adam und seine Frau Eva hineingesetzt hat. Eben dieses Von-Gleich-zu-Gleich geht verloren mit dem sogenannten Sündenfall.

Für Babel und für Jona also gilt: Gott und Mensch sind voneinander getrennt. Gott muss zu den Menschen herunterkommen, „um sich Stadt und Turm anzusehen, die die Menschenkinder bauten" (1 Mose 11,5). Die Trennung ist vollzogen. Gleichzeitig steigert sich das menschliche Bedürfnis, Gott nah sein zu können.

Übermütig, hochmütig wehrt sich Jona gegen die Beauftragung Gottes, versuchen die Menschen in Babel, Gott gleichwertig und nah zu sein, kehrt sich das Volk Israel immer wieder von ihm ab (vgl. 2 Mose, das Richterbuch, die Königsbücher, die Prophetenbücher). Und Jona sitzt schmollend unter dem Rizinusstrauch.

Letztlich münden aber alle Versuche der Menschen, Gott entgegenzuwirken und entgegenzutreten, in Situationen, die am besten durch das Sprichwort „Hochmut kommt vor dem Fall" (Sprüche 16,5) zusammengefasst sind.

Die beiden hier ausgewählten Erzählungen berühren sich mit der Lebenswelt der Sch.: Übermut, Hochmut, Arroganz, aber auch ein beleidigtes Schmollen aus egoistischem Motiven sind bekannte Erfahrungen aus der Welt der Jugendlichen.

## *Kompetenzen*

Die Schülerinnen und Schüler

- ▷ können die Erzählung vom Turmbau zu Babel (Gen 11,1–9) nacherzählen;
- ▷ können den Abstand zwischen Gott und Mensch auf dem Hintergrund der biblischen Urgeschichte beschreiben und deuten;
- ▷ können erklären, was es heißt: „Menschen wollen sein wie Gott", und können diese Sehnsucht problematisieren;
- ▷ können Beispiele nennen für das Streben von Menschen, „sich einen Namen zu machen";

- ▷ können die Handlung des Buches Jona in groben Zügen darstellen und kommentieren;
- ▷ können die Geschichte von Jona aus dessen Perspektive erläutern;
- ▷ können das Gottesbild der Jona-Erzählung mit dem Gerechtigkeitsverständnis Jonas (und seiner Selbstgerechtigkeit) konfrontieren;
- ▷ können Beispiele für die Selbstgerechtigkeit von Menschen nennen – etwa aus dem Neuen Testament oder aus ihrem eigenen Erleben.

## *Literatur*

Golka, F.: Jona. Stuttgart 1991

## *Zu den Stationsvorschlägen*

Die Sch. legen einen kleinen Hefter/Ordner an. Die Materialien für die Stationen „Meinungsbarometer" sollten im Vorfeld ausgeschnitten und laminiert werden.

Dieses Angebot an Stationen versteht sich als ergänzungspflichtig und unausgeschöpft. Es bietet einen zielgerichteten, problemorientierten Einstieg in die Thematik, die fächerübergreifend Berücksichtigung finden kann.

# Station 1: Hoch gebaut (Block A)

„Wohlauf, lasst und eine Stadt und einen Turm bauen, dessen Spitze bis an den Himmel reiche, damit wir uns einen Namen machen ..."

Sprecher: ______________________

„Wohlauf, lasst uns herniederfahren und dort ihre Sprache verwirren, dass keiner des anderen Sprache verstehe ..."

Sprecher: ______________________

▶ Zwischen diesen beiden Reden entfaltet sich die Geschichte vom Turmbau zu Babel. Lies sie in der Bibel nach (1 Mose 11,1–9). Notiere die jeweiligen Sprecher, den Ablauf der Handlung und einen spontanen Kommentar.

| | |
|---|---|
| Welche Gedanken legt der Erzähler Gott in den Mund? | |
| Wie erklärt der Erzähler den unvollendeten Turm und die vielen Sprachen der Menschen? | |
| Was denkst du, wenn du diese Geschichte liest? | |

▶ Schlage die angegebenen Bibelstellen nach; notiere die Lebensweisheiten, die du findest. Kreuze an, welcher der Sprüche deiner Meinung nach am besten zu der Geschichte vom Turmbau passt.

| | |
|---|---|
| Sprüche 16,18 | |
| Daniel 5,20 | |
| Sprüche 29,23 | |
| Jesaja 49,16 | |

# Station 2: Hoch gewachsen (Block A)

„Ich hatte ihn so schön gemacht mit seinen vielen Zweigen ..."

„Weil er so hoch geworden war ... und weil sein Herz sich erhob, da er so hoch geworden war, darum gab ich ihn dem Mächtigsten unter den Völkern in die Hände ... Fremde h eben ihn um ..."

▶ Geschildert wird der Pharao von Ägypten und er wird mit einem Zedernbaum verglichen. Lies in der Bibel nach, was an diesem Zedernbaum Besonderes ist und was mit ihm geschieht. Mach dir Notizen.

| Wodurch ist dieser Baum höher geworden als alle anderen? | |
|---|---|
| Warum muss dieser Baum fallen? | |

▶ Male ein Vorher-Nachher-Bild: a) den Zedernbaum in seiner Pracht, b) den gefällten Baum. Schreibe einen passenden Spruch („Moral") unter das Bild.

| | |
|---|---|
| | |
| | |

# Station 3: Meinungsbarometer (Block A)

| | | | |
|---|---|---|---|
| 1. Wer nicht wagt, der nicht gewinnt! | 2. Hochmut kommt vor dem Fall! | 3. Die Hochmütigen werden am Ende verlieren, die Demütigen gewinnen. | 4. Es ist aber wichtig, dass man sich selbst gut findet und auch mal stolz auf sich ist. |
| 5. Arrogant zu sein, kann manchmal hilfreich sein. | 6. Man muss an sich selbst denken, wenn man heute etwas erreichen will. | 7. Ich brauche Gott nicht, Hauptsache ich denke an mich zuerst. | 8. Mir ist es wichtiger, berühmt zu werden. |
| 9. Ich will im Leben hoch hinaus – alle sollen zu mir aufsehen. | 10. „Doch als sich sein Herz erhob und er vermessen wurde, wurde er vom Thron gestürzt." Daniel 5,20 | 11. Übermut tut selten gut. | 12. Arrogante Leute werden am Ende nicht glücklich sein. |
| 13. Es ist normal, hoch hinaus zu wollen. Ich muss ja dadurch nicht arrogant werden. | 14. Als ob alles, was möglich ist, auch erlaubt wäre! | 15. Wir dürfen Gott nicht zu nah kommen und meinen, wir könnten Gott spielen und Menschen klonen. | 16. Menschen sind so: Immer höher, immer mehr. Aber dabei stoßen sie an Grenzen. |

▶ Wähle vier der Aussagekarten. Trage deine vier Aussagen (Nr., Stichwort) in deine Ja-/Nein-Karte ein und kreuze an, ob du zustimmst oder nicht. Die Einzelergebnisse werden später ausgewertet und besprochen.

| Aussage | Ja | Nein |
|---|---|---|
| | | |
| | | |
| | | |
| | | |

# Station 4: Hoch motiviert (Block A)

*Montag, 17. Juni 2001*

Heute habe ich wieder mal gewonnen. Klar, ohne mich, hätte das die Mannschaft niemals hinbekommen. Aber abspielen tue ich nicht. Die Krücken in der Mannschaft können ohne mich nichts erreichen. Im Spiel habe ich auch nur an mich gedacht: Bin mit dem Fußball durch das gesamte Mittelfeld gedribbelt, habe erst den einen ausgespielt, dann den anderen mit einer Körpertäuschung so irritiert, dass ich freie Schussbahn auf das Tor hatte. Rumms – und der Ball schlug im Winkel ein: Traumtor. Klar hab ich eigensinnig gespielt, aber das muss man auch manchmal. Papa hat immer gesagt: Wenn du als Fußballer berühmt werden willst, musst du deine Ellbogen einsetzen. Schau nicht nach links und nach rechts. Die anderen interessieren nicht. Hauptsache, du stehst am Wochenende als Torschütze in der Zeitung. Man muss seine Interessen über die der anderen stellen, wenn man hoch hinaus will. Ja, hoch hinaus will ich – so wie der Turm in Babel. Ich werde aber niemals zusammenfallen. Ich will Ruhm. Ich will, dass mir alle zujubeln. Ich werde berühmt sein.

▶ Lies, was Erik in sein Tagebuch geschrieben hat. Er nimmt kein Blatt vor den Mund.

Beim nächsten Training nach dem Spiel nimmt ihn sein Trainer zur Seite: „Noch so ein Spiel und du sitzt auf der Bank", droht er. – Schreibe das Gespräch auf, das Erik und der Trainer führen. (Schreibe auf der Rückseite des Arbeitsblattes weiter.)

| Erik | Wieso denn das ... |
|---|---|
| Trainer | |
| Erik | |
| Trainer | |
| Erik | |
| Trainer | |

## Station 5: Hoch geklettert (Block A)

✎ ______________________________

- Gib dem Bild eine Überschrift.
- Erzähle zu dem Bild eine passende Geschichte.

______________________________

______________________________

______________________________

______________________________

______________________________

______________________________

______________________________

______________________________

## Station 6: Hoch ...? (Block A)

Die Schülerinnen und Schüler auf dem Foto hatten die Aufgabe, eine bestimmte Redensart darzustellen. **Rate und begründe: Welche?**

- Lege dem Schüler auf dem Stuhl Wörter in den Mund, die zu der von dir gewählten Redensart passen! Schreibe sie in die Sprechblase.
- Lies in der Bibel Jeremia 13,9–10 und Daniel 5,20. Mach dir Notizen und vergleiche: Welche der beiden Bibelstellen passt (besser) zu dem Foto?

| | Jeremia 13,9–10 | Daniel 5,20 |
|---|---|---|
| Gegen wen richtet sich das Prophetenwort? | | |
| Was für ein Vorwurf wird erhoben? | | |

- Wem nützt es, wenn die Hochmütigen gestoppt werden? Schreib es auf und tausche dich mit anderen darüber aus.

# Station 7: Höher ...? (Block A)

- Gib der Karikatur eine Überschrift.
- Der Pfarrer und der Ingenieur unterhalten sich: Schreibe in die Sprechblasen; führe das Gespräch auf der Rückseite des Arbeitsblatts fort.

# Station 8: Auch Propheten können hochmütig sein (Block B)

▶ Lies in der Bibel das Buch Jona bzw. in einer Kinderbibel die Geschichte des Propheten Jona. Beschrifte dann die Bildergeschichte.

▶ Schreibe auf, a) wie Jona sich verhält, b) wie Gott sich verhält.

| Jona | |
|---|---|
| Gott | |

# Station 9: „Ich will nicht!" (Block B)

▶ Betrachte den Ausschnitt aus der Jona-Geschichte. Schreibe auf, was du siehst. Mach dir Gedanken a) über Gott; b) über Jona. Du kannst Stichwörter aufschreiben, E-Mails an beide verfassen, Gedichte über sie schreiben oder Denkblasen für sie zeichnen und ausfüllen.

| Gott | Jona |
|---|---|
| | |

# Station 10: „Okay, Gott, du bist stärker!" (Block B)

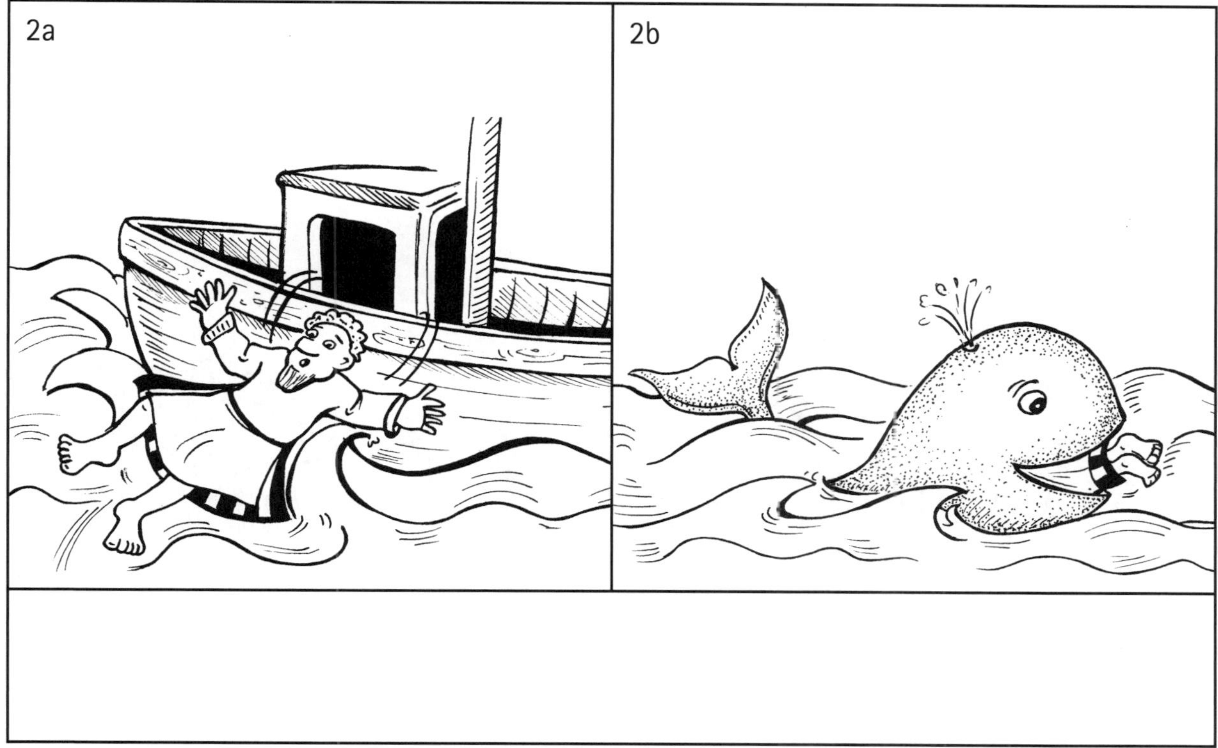


Betrachte den Ausschnitt aus der Jona-Geschichte. Schreibe auf, was du siehst. Mach dir Gedanken a) über Gott; b) über Jona. Du kannst Stichwörter aufschreiben, E-Mails an beide verfassen, Gedichte über sie schreiben oder Denkblasen für sie zeichnen und ausfüllen.

| Gott | Jona |
|---|---|
| | |

# Station 11: „Ihr könnt was erleben!“ (Block B)

▶ Betrachte den Ausschnitt aus der Jona-Geschichte. Schreibe auf, was du siehst. Mach dir Gedanken a) über Gott; b) über Jona. Du kannst Stichwörter aufschreiben, E-Mails an beide verfassen, Gedichte über sie schreiben oder Denkblasen für sie zeichnen und ausfüllen.

| Gott | Jona |
|---|---|
| | |

# Station 12: „Ich weiß es besser!" (Block B)

▶ Betrachte den Ausschnitt aus der Jona-Geschichte. Schreibe auf, was du siehst. Mach dir Gedanken a) über Gott; b) über Jona. Du kannst Stichwörter aufschreiben, E-Mails an beide verfassen, Gedichte über sie schreiben oder Denkblasen für sie zeichnen und ausfüllen.

| Gott | Jona |
|---|---|
| | |

## Station 13: In Sachen Jona gegen Gott (Block B)

| | | | |
|---|---|---|---|
| 1. Jona ist ein Rebell. Er denkt so: Ich bin dafür, dass ich dagegen bin! | 2. Dass Jona trotz der Buße der Niniviten deren Tod wünscht, ist nicht in Gottes Sinn. | 3. Zu allem ja sagen, kann ich auch nicht. Man muss auch mal seine eigene Meinung kundtun. | 4. Ich kann mich nicht immer so verhalten, dass es Gott gefällt. |
| 5. Ich weiß genau, was richtig und was falsch ist. Fehler werden bestraft, da gibt es kein Pardon. | 6. Man muss an sich selbst denken, wenn man heute etwas erreichen will. | 7. Ich brauche Gott nicht, Hauptsache ich denke an mich zuerst. | 8. Wo soll denn das hinführen, wenn Gott sich über seine eigenen Gebote hinwegsetzt? |
| 9. Ich teile lieber und stelle meine Interessen zurück. Am Ende zahlt sich das aus. | 10. Jona fühlt sich gut, als er den Leuten drohen kann. Mit ihnen freuen kann er sich nicht. | 11. Die Leute von Ninive sehen ihre Fehler ein und ändern sich. Das ist das Wichtigste. | 12. Arrogante Leute werden am Ende nicht glücklich sein. |
| 13. Wenn Gott so wäre, wie Jona es gern hätte, wäre er der Erste gewesen, der Gottes Zorn zu spüren kriegt. | 14. Tief im Herzen muss Jona Gott wohl sehr nahe sein. Sonst hätte er sich nicht getraut zu schmollen. | 15. Jona hat doch nur seine Meinung gesagt. | 16. Eingeschnappt zu sein ist okay, aber nicht so lang. Danach muss es normal weiter gehen. |

▶ Wähle vier der Aussagekarten. Trage deine vier Aussagen (Nr., Stichwort) in deine Ja-/Nein-Karte ein und kreuze an, ob du zustimmst oder nicht. Die Einzelergebnisse werden später ausgewertet und besprochen.

| Aussage | Ja | Nein |
|---|---|---|
| | | |
| | | |
| | | |
| | | |

▶ Schreibe ein Gutachten über Jona (auf der Rückseite des Arbeitsblatts): Ist das ein trotziger, ein gläubiger, ein hochmütiger, ein egoistischer, ein ängstlicher, ein mutiger Mann? Warum widersteht er Gott? Was treibt ihn an, was interessiert ihn? Bereite dich darauf vor, der Klasse dein Gutachten vorzustellen.

7./8. Klasse

# Kirche und Gemeinde: Glauben praktisch

## *Thematisches Stichwort*

Obwohl der christliche Glaube in Deutschland nicht mehr so selbstverständlich wie früher das öffentliche und private Leben prägt, haben Kultur, Brauchtum und Moralvorstellungen doch nach wie vor christliche Wurzeln. Schon auf dem Weg zur Schule gehen viele Sch. an Kirchen und kirchlichen Einrichtungen vorbei. Vielfach jedoch bleibt es bei diesen sporadischen, informellen Begegnungen. Sch. ohne religiöse Sozialisation kennen nur die „Außenansicht" von Kirchen als Gebäude des Glaubens.

Mit den folgenden Stationen soll den Sch. die Gelegenheit gegeben werden, die Kirchengemeinde als Erfahrungsraum für ein gelebtes Christentum zu erleben. Die Lernenden sollen die Strukturen der Kirchengemeinde kennenlernen, sich probeweise darin bewegen und die Kompetenz erwerben, gegebenenfalls aktiv am Gemeindeleben, z.B. in Kinder- und Jugendgruppen, teilzunehmen.

## *Kompetenzen*

Die Schülerinnen und Schüler

▷ können die Funktionen von Pastor, Küster und Kirchenvorstand erklären;

▷ können Einrichtungsgegenstände der Kirche nennen und ihnen einen Sinn zuordnen;

▷ erkennen symbolhafte Elemente in der Kirche und können sie interpretieren;

▷ können Beispiele für Angebote von Kirchengemeinden geben und Mitmach-Möglichkeiten für Jugendliche nennen und beschreiben;

▷ können beschreiben, wie die ersten christlichen Gemeinden entstanden sind, und erläutern, was das Christentum in einer heidnischen Umwelt so attraktiv macht(e).

## *Literatur*

Drehsen, V. u. a.: Wörterbuch des Christentums. 1500 Stichwörter von A-Z, München 2001

## *Zu den Stationsvorschlägen*

Für die Stationen 5 und 6 sollten Sie Kunstbände mit Abbildungen von Altären, Kreuzen und Kirchenfenstern bereithalten – oder die Sch. benötigen einen Internet-Zugang. Für Station 8 brauchen Sie evangelische Gesangbücher.

# Station 1: Der Pfarrer (Block A)

Herr Pfarrer, was sind Ihre Aufgaben innerhalb Ihrer Kirchengemeinde?

Ich halte die Gottesdienste, dazu gehören auch besondere Gottesdienste, wie z. B. bei der Taufe, bei Hochzeiten und auch bei Beerdigungen. Ach ja, und die Kinder- und Jugendgottesdienste. Die bereite ich zwar oft zusammen mit dem Kindergarten oder halt mit den Jugendlichen vor, trotzdem bin ich für sie verantwortlich. Ansonsten organisiere ich auch ganz viel und habe ein offenes Ohr für jeden. Jeder kann immer zu mir kommen und mich um Rat fragen und um Hilfe bitten.

Mit welchen Personen arbeiten Sie in Ihrer Gemeinde überwiegend zusammen?

Natürlich arbeite ich viel mit dem Kirchenvorstand zusammen. Wir tauschen uns aus und überlegen, welche Termine anstehen. Und auch mit den Freiwilligen, z. B. den Teamern für die Konfirmandenarbeit oder den Leitern für den Kindergottesdienst. Wichtig sind auch die Menschen, die helfen, den Gottesdienst zu gestalten – unsere Küsterin und auch der Kantor, mit dem ich die Lieder für den Gottesdienst abspreche.

Was gefällt Ihnen am meisten am Beruf des Pfarrers?

Das Interessante an meinem Beruf ist, Menschen an wichtigen Punkten in ihrem Leben zu begleiten. Ob das jetzt die Taufe ist, wo ganz viel zusammenkommt – die Geburt eines Kindes und was man für das Kind wünscht und fürchtet und tun will –, vorher meistens (oder je nach dem auch nachher) die Hochzeit, also dass zwei Menschen sich gern haben und bedingungslos „Ja" zueinander sagen und ein ganzes Leben zusammen verbringen wollen. Die Menschen in diesem Moment begleiten zu können, finde ich einfach großartig. Und natürlich auch der Tod, mit dem ich schon immer viel in Berührung gekommen bin. Auch schon in meiner Kindheit. Ein Leben wird erst dann richtig gelebt, wenn es im Bewusstsein der Sterblichkeit oder des Todes gelebt wird. Das ganze „Am-Leben-Sein", das ist das Bewegende in meinem Beruf.

Vielen Dank für das Gespräch!

- Lies das Interview und markiere:
  rot = Personen, mit denen der Pfarrer/die Pfarrerin zusammenarbeitet
  blau = Aufgaben des Pfarrers/der Pfarrerin
  grün = Berufseinstellung des Interviewten
- Gib den Sinn des letzten Satzes in eigenen Worten wieder; bereite dich darauf vor, deine Version zu kommentieren.

________________________________________

________________________________________

________________________________________

________________________________________

________________________________________

# Station 2: Der Küster (Block A)

▶ Was tut ein Küster/eine Küsterin? Beschrifte die Bilder und lege dann der Küsterin (unten) eine kurze Selbstvorstellung in den Mund: Was sind ihre Aufgaben? Was gefällt ihr an ihrer Arbeit? Was „nervt"?

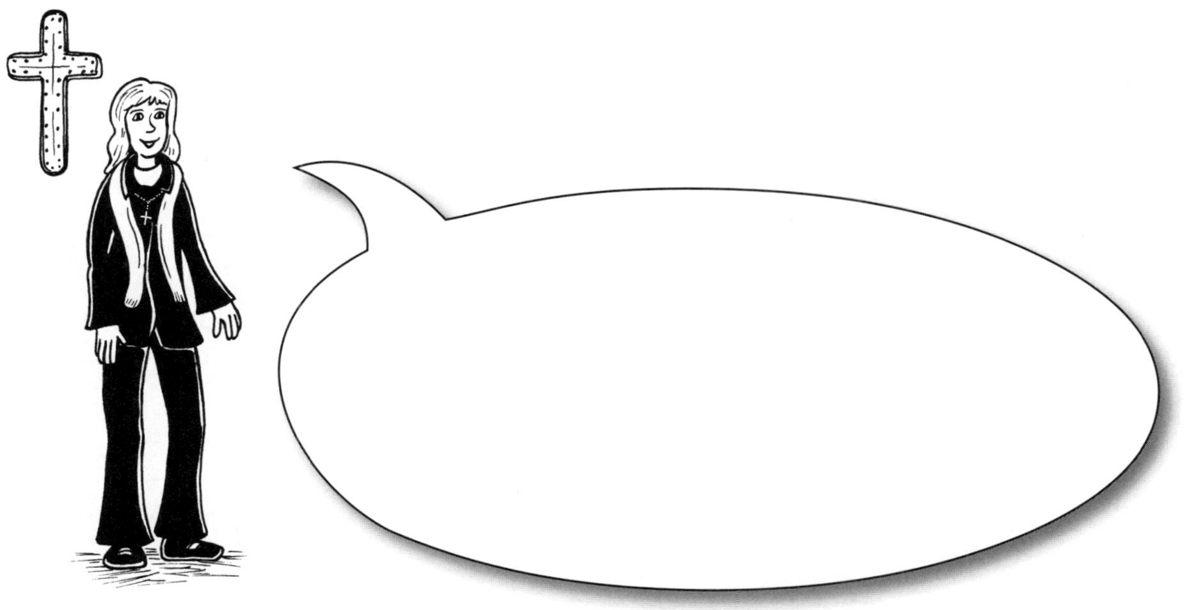

# Station 3: Der Kirchenvorstand (Block A)

Der Kirchenvorstand ist zusammen mit dem Pfarrer/der Pfarrerin für die Angelegenheiten und Aktivitäten der Kirchengemeinde zuständig. Er tritt regelmäßig zusammen und berät über Veranstaltungen, Aktionen, Finanzen, Bauvorhaben und Personalfragen. Die Mitglieder des Kirchenvorstandes werden gewählt.

Wahlberechtigt sind alle Mitglieder der Gemeinde, die mindestens drei Monate vor dem Wahltermin in der Gemeinde wohnen, zum Heiligen Abendmahl zugelassen sind, am Wahltag das 14. Lebensjahr vollendet haben, konfirmiert bzw. aufgenommen sind.

Wählbar sind grundsätzlich alle wahlberechtigten, volljährigen Gemeindemitglieder. Zur Wahl stellen werden sie sich, wenn sie im sozialen Handeln der Ortsgemeinde, im Gottesdienst- und Gemeindeleben, im Engagement für Gerechtigkeit, Bewahrung der Schöpfung und den Frieden eine sinnvolle Aufgabe sehen. Kommunikations- und Begeisterungsfähigkeit zeichnen sie aus sowie die Bereitschaft, im kirchlichen Leben Vorbild zu sein. Die Wahlperiode beträgt sechs Jahre.

Der Wahltag ist ein Sonntag. Es wird geheim gewählt. Es besteht die Möglichkeit der Briefwahl. Die Briefwahlunterlagen sollten möglichst bis eine Woche vor der Wahl schriftlich oder mündlich im zuständigen Pfarramt beantragt werden.

Pro Kandidat/Kandidatin kann nur eine Stimme abgegeben werden.

▶ Lies den Info-Text und beantworte die Fragen von Tamara (18), die eine Kandidatur für den Gemeindevorstand erwägt:

| | |
|---|---|
| Warum muss ich konfirmiert sein, um Kirchenvorsteherin zu werden? | |
| Wie viel Zeit wird mich das wohl kosten, Kirchenvorsteherin zu sein? | |
| Was muss ich „mitbringen", um eine gute Kirchenvorsteherin zu sein? | |

# Station 4: Kirchenvorstandswahl (Block A)

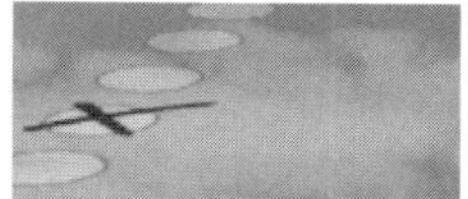

Aus den Wahlkampagnen der evangelischen Kirchen von Kurhessen-Waldeck, Lippe, Nordelbien

Vor den Kirchenvorstandswahlen gibt es Kampagnen, die zum Mitmachen motivieren sollen. Außerdem stellen sich die Kandidaten in den Gemeindebriefen vor. Oben siehst du Beispiele.

▶ Gestalte selbst eine Kandidatenwerbung (für dich oder eine beliebige Person). Oder gestalte ein Plakat, das für die Teilnahme an den Wahlen wirbt.

# Station 5: Der Altar und das Symbol Kreuz (Block B)

Der Wortbedeutung nach ist der Altar ein erhöhter Ort, bestimmt für die Opfergabe. In der christlichen Religion gilt der Altar als „Tisch des Herrn". Dort stehen Brot und Wein, wenn das Abendmahl gefeiert wird. Der Altar ist Mittelpunkt und Herzstück jeder Kirche. Auf oder hinter dem Altar steht oft ein Kreuz – Wahrzeichen Christi, und das in vielerlei Hinsicht:

- † Das Kreuz ist Erinnerung an die **Kreuzigung** Jesu und an die Überwindung des Todes durch die **Auferstehung**.
- † Am Kreuz **öffnet Jesus die Arme** für alle Menschen. Er lädt sie ein zu Gott.
- † Am Kreuz hat Jesus das Schicksal eines schwachen, gequälten, verlassenen Menschen erlitten. Das Kreuz ist seither den Menschen ein Zeichen: Hier ist einer, der mich versteht, wie elend ich mich auch fühle.

Auferstehung, Mitleiden, Segen – so viele **Bedeutungen** das Kreuz hat, so viele **Formen** hat es auch: Es gibt leere Kreuze, Kreuze mit einem leidenden Christus, Kreuze mit einem hoheitsvollen oder segnenden Christus.

▶ Sieh dir Kreuzdarstellungen an (Internet, Kirche, Kunstbände); suche eines aus, das dich anspricht. Zeichne es auf (oder gestalte ein eigenes) und schreibe dazu, was es für dich bedeutet.

| So sieht das Kreuz aus: | So verstehe ich es: |
|---|---|
| | ______________________________<br>______________________________<br>______________________________<br>______________________________<br>______________________________<br>______________________________<br>______________________________<br>______________________________<br>______________________________<br>______________________________<br>______________________________<br>______________________________ |

# Station 6: Kirchenfenster (Block B)

Kirchenfenster sind oft bunt, kunstvoll bemalt, verschieden geformt und gestaltet. Sie lassen Licht in die Kirche und erzählen zugleich vom Glauben, von Gott oder von biblischen Gestalten.

- Schau dir verschiedene Kirchenfenster an, z. B. im Internet, in der Kirche, in Kunstbänden.
- Gestalte dein eigenes Kirchenfenster. Überlege vorher, was es erzählen soll.

# Station 7: Das Taufbecken und das Symbol Wasser (Block B)

Am Taufbecken tauft der Pastor/die Pastorin Kinder und Erwachsene mit Wasser, dem Wahrzeichen für Leben, und das in vielerlei Hinsicht:

- ○ Wasser löscht den Durst.
- ○ Ohne Wasser gibt es kein Wachstum.
- ○ Wasser erfrischt und weckt die Lebensgeister.
- ○ Wasser reinigt von Staub und Schmutz.
- ○ Wasser ist beharrlich, machtvoll, auch bedrohlich.

▶ Lies im Gesangbuch die Texte von Taufliedern (Nr. 200–212 und im Anhang). Schreibe Worte und Verse heraus, die den Sinn der Taufe und/oder das Zeichen Wasser erklären.

| Das Zeichen Wasser | Die christliche Taufe |
|---|---|
| | |
| | |
| | |
| | |
| | |
| | |
| | |
| | |

▶ Mit deinen Worten:

Taufe geschieht ...

Taufe bedeutet ...

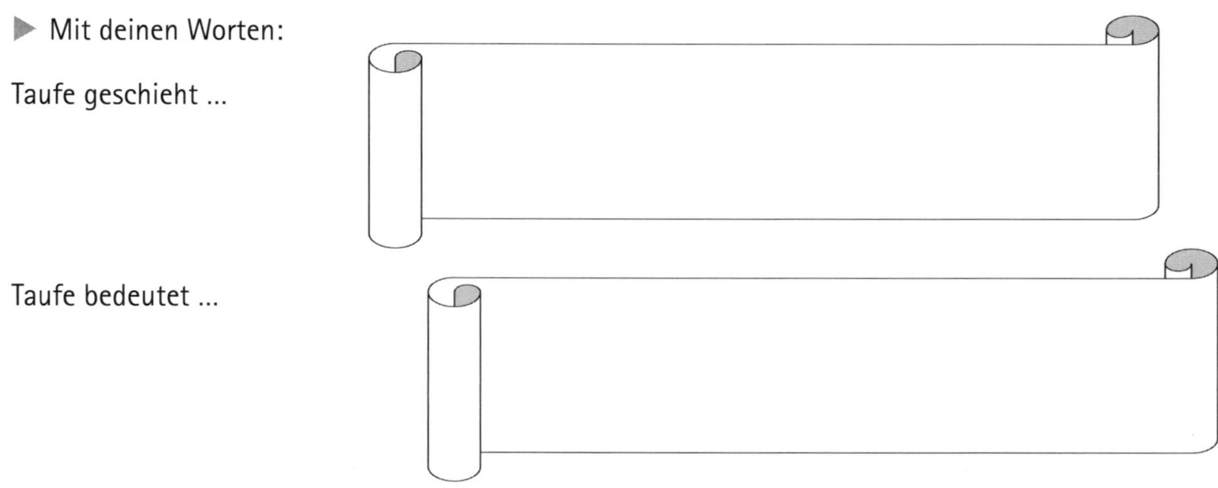

# Station 8: Das Kreuz tragen (Block C)

„Kreuz tragen" ist ein anderes Wort für „leiden". Christlich handeln heißt, Mitmenschen, die ihr Kreuz tragen, einerseits Hoffnung auf Christus zu machen, andererseits aber auch, ihnen beim Kreuz-Tragen zu helfen.

| Dieser Mensch trägt ein Kreuz: | So trage ich mit: |
|---|---|
| Eine gehbehinderte Frau steht mit zwei schweren Einkaufstaschen vor dem Hauseingang. Sie muss die Einkäufe in ihre Wohnung im vierten Stock tragen. | |
| In deine Klasse kommt ein neues Mädchen. Sie kommt aus Russland und spricht wenig Deutsch. Die anderen wissen nicht viel mit ihr anzufangen. Sie kommt dir ziemlich verloren vor. | |
| Im Schulbus beobachtest du, dass ein kleiner Junge von mehreren Jugendlichen geschubst und gehänselt wird. | |
| Der Mann deiner Nachbarin ist für längere Zeit im Krankenhaus. Sie kann ihn aber nur selten besuchen, da sonst ihre Kinder allein zu Hause bleiben müssen. | |

▶ Sammle in der rechten Spalte Ideen, wie du helfen könntest.

# Station 9: Teilnehmen (Block C)

Hier siehst du verschiedene Angebote einer Kirchengemeinde aus Oldenburg für Kinder und Jugendliche.

*Angebote für Kinder und Jugendliche*

im Gemeindezentrum Kranbergstraße

- Krabbelgruppe
  Dienstag, 9.00–11.00 Uhr (J. Albert)
- Töpfern für Kinder und Jugendliche
  jeden 1. und 3. Donnerstag im Monat, 16.00 Uhr (Chr. Behnke)
- Neue Jugendgruppe (ab 15 Jahren)
  Montag, 18.00 Uhr (Michel, Klara, Helmut)
- Kinderkirche (ab 6 Jahren)
  Freitag, 15.00–16.30 Uhr (V. Gessing, U. Jakobi)
  Singen, Spielen, Basteln, Beten rund um biblische Geschichten
- Kinder- und Jugendchor „VielHarmonie"
  Mittwoch, 15.15–17.00 Uhr (G. Bernward)
- Familiengottesdienst „Wem gehört die Welt?"
  am 02.09.2007, Pastor Schmid

| Was fällt dir auf? | |
|---|---|
| Welches Angebot würde dich interessieren? | |
| Welche Angebote vermisst du? | |
| Was wäre deiner Meinung nach ein attraktives Angebot der Gemeinde für Jugendliche? | |

## Station 10: Mitspielen (Block C)

▶ Schreibe zu den Buchstaben des Wortes „Gemeinde“ so viele Begriffe auf, wie dir einfallen. Achtung: Sie sollen etwas mit „Gemeinde“, „Kirche“, christlichem Glauben zu tun haben!

| | |
|---|---|
| G | |
| E | |
| M | |
| E | |
| I | |
| N | |
| D | |
| E | |

▶ Nun versuche einen Satz/ein Gedicht/einen Sinnspruch zu bilden:

| Grad | 1 | 2 | 3 | 4 |
|---|---|---|---|---|
| | G ___ | G ___ | G ___ | G ___ |
| | E ___ | E ___ | E ___ | E ___ |
| | | M ___ | M ___ | M ___ |
| | | E ___ | E ___ | E ___ |
| | | | I ___ | I ___ |
| | | | | N ___ |
| | | | | D ___ |
| | | | | E ___ |

# Station 11: Rückblick (Block D)

▶ Entschlüssle den Brief! Markiere hierzu jedes zweite Wort. Schreibe den Text ohne „Störer" auf. Unterstreiche, was das Besondere im Leben der ersten Christen ist.

*Lieber Faulpelz Tobias!*

Sonnenschein! Hier feiern in Stille der lila Gemeinde Cäsarea ist – Eselskacke – es stets super – Hurra! Nach Jerusalem Jesu endlich Kreuzigung hatte sind Tauben ja tatsächlich alle kreischend aus Angst Jerusalem schnell geflohen – Schweinerei. Aber heute nach Kriegen dem Blut, was vergossen wir endlich jetzt alle wissen, zu kommen wird langsam langweilig alle schlafen wieder schnell. Keiner bereut ist verloren mehr wissentlich ängstlich Schaf. Wir alle wissen endlich ja, heute dass Verräter Jesus nicht von einfach den alten Toten entflohen, auferstand ist. Hier allein in unserer der kleinen Gemeinde Soldaten sind immer alle alt gleich: Frauen schuften, Männer faulenzen, Arme hungern und die Reiche futtern und kaufen auch arme Sklaven ab. Wir Feigenbäume teilen fast alles Leid und Freud alle Hühner helfen weder sich noch gegenseitig. Meuterei! Wir Weinenden treffen Feiernde, uns fehlt oft was zu trinken gemeinsamem Tanz, Essen, Bohnenmus, zum Überdruss Beten hilft, oder nicht zu lauten Taufen. Notschlachtung! Wir alle erzählen Blödsinn uns gegenseitig die besten Geschichten niemals von unserem Gott daheim und nie auch erzählen von Jerusalem Jesus nicht, wie kann er denn gestorben sein und danach auferstanden – Ostern – ist gelogen. Komm mit, doch falls auch du mal weinst. Nächstes Jahr: Treffen: Sabbat, Sonntag, plus 12 mit Uhr nicht bei Sonnenuntergang, Elisabeth Maiglöckchen.

*Deine Jungfrau Maria*

# Station 12: Petrus (Block D)

Wie es nach den Auferstehungs-Erlebnissen der Jüngerinnen und Jünger Jesu weiterging, davon erzählt der Evangelist Lukas in der Apostelgeschichte. Einer der wichtigsten Zeugen für Jesus ist Petrus, der als Wortführer der Jünger auch in den Evangelien besonders hervortritt.

▶ Schlage in der Bibel wichtige Petrus-Erzählungen auf; notiere dir jeweils, worum es da geht und wie Petrus sich verhält.

| Markus 9,27–30 | Markus 14,27–31 | Matthäus 16,18–19 | Apostelgeschichte 4, 13–22 |
|---|---|---|---|
| | | | |
| Matthäus 14,22–33 | Markus 14,66–72 | Apostelgeschichte 2, 14–36 | Apostelgeschichte 10, 21–35 |
| | | | |

▶ Mit deinen Worten: Was ist dieser Petrus für ein Mann?

# Station 13: Paulus (Block D)

Wie es nach den Auferstehungs-Erlebnissen der Jüngerinnen und Jünger Jesu weiterging, davon erzählt der Evangelist Lukas in der Apostelgeschichte. Einer der wichtigsten Gemeindegründer und Lehrer der ersten christlichen Gemeinden war Paulus. Seine Briefe geben Zeugnis von Glaubensfragen der ersten Christen.

▶ Schlage in der Bibel wichtige Paulus-Erzählungen auf; notiere, worum es da geht. Lies wichtige Worte aus seinen Briefen und mache dir dazu Notizen.

| Apostelgeschichte 9, 1–19 | Apostelgeschichte 17, 16–31 | Römer 1,16–17 | 1 Korinther 12, 4–6.12–27 |
|---|---|---|---|
| | | | |
| **Apostelgeschichte 14, 8–20** | **Apostelgeschichte 21, 27–39** | **Römer 8,38–39** | **1 Korinther 13,4–13** |
| | | | |

▶ Mit deinen Worten: Was ist Paulus am christlichen Glauben wichtig?

# Station 14: Zur Ruhe kommen (Block C oder D)

▶ Mach mal Pause. Setz dich bequem hin und male das Mandala aus.

9./10. Klasse

# Schöpfung – Paradies – Umwelt

## *Thematisches Stichwort*

Die Schöpfungsgeschichten gehören zu den Kernstücken der Curricula und Rahmenrichtlinien aller Bundesländer. Ihre Behandlung wird mit unterschiedlichen Schwerpunkten sowohl für die Klassen 5/6; 7/8; 9/10 der Sekundarstufe I sowie für die Sekundarstufe II vorgeschlagen.

Die Schöpfung geht jeden Menschen unmittelbar an: Sie ist seine Umwelt, sie beinhaltet die Frage nach seiner Existenz und nach dem Leben an sich. Das Thema Schöpfung hat somit einen starken Gegenwarts- und Zukunftsbezug. Stehen in den Klassen 5/6 theologische und anthropologische Fragen im Mittelpunkt, rückt in den höheren Klassenstufen die ethische Frage der Verantwortung des Menschen für die Schöpfung und deren Bewahrung in das Zentrum der Betrachtung.

Der mythische Kinderglaube weicht einem analytischen Glauben oder Verständnis. Alles bisher Anerkannte wird in Frage gestellt. Nicht selten steht die Frage der Glaubwürdigkeit der Religion in engem Zusammenhang mit der Schöpfungsfrage.

Die folgenden Stationen sollen helfen, einen neuen Zugang zum Thema Schöpfung zu finden, indem sie zwischen einem naturwissenschaftlichen und einem religiösen Zugang zum Thema unterscheiden. Die persönlichen Fragen und Erfahrungen der Schülerinnen sollen dabei immer wieder Ausgangs- und Mittelpunkt sein, und zwar auf eine Art und Weise, wie es nur in der offenen Arbeit möglich ist.

Ein weiterer inhaltlicher Schwerpunkt ist es, den Menschen als Beziehungswesen zu erkennen; volles Menschsein entfaltet sich in gelingenden Beziehungen zu Gott, zu Mitmensch und Mitgeschöpf sowie zur geschaffenen Umwelt.

## *Kompetenzen*

Die Schülerinnen und Schüler

- ▷ können die beiden biblischen Schöpfungserzählungen nacherzählen und in ihrer jeweiligen Eigenart charakterisieren;
- ▷ können den biblischen Schöpfungserzählungen eigene Deutungen abgewinnen und produktiv mit ihren Motiven umgehen;
- ▷ kennen naturwissenschaftliche Theorien der Weltentstehung und können sie referieren;
- ▷ können naturwissenschaftliche und religiöse Redeweisen von der Weltentstehung voneinander abheben und jeweils in ihrer Deuteabsicht charakterisieren;

- können die eigene Verantwortung für die Bewahrung der Schöpfung beschreiben und Beispiele für Umweltschutzbemühungen nennen;
- können das biblische Menschenbild entfalten und erörtern, was das heißt: Der Mensch ist ein Beziehungswesen.

### *Literatur*

Schmidt-Rhaesa, H.: Schöpfung, Mensch, Zukunft, in: Reliprax 36

Stein, G. vom (Hg.): Schöpfung, in Religion, 9/2002

Katechetisches Institut des Bistums Trier (2000): Der Mensch in der Schöpfung, ein Stationenlernen für die Klassenstufen 9 und 10

# Station 1: Sie ist ... (Block A)

✎ ____________________

| | |
|---|---|
| 1 | Sie ist sechzehn und hat rotes Haar. Wahrscheinlich hat sie es gefärbt. Sie will eben auffallen. Sie ist nicht die Hellste, aber was sie kann, das ist: Wirbel machen. Sie mag es, im Mittelpunkt zu stehen, und sie mag es auch, wenn sich andere in ihrer Nähe klein und hässlich fühlen. Übrigens hässlich: Sie ist auch nicht schön. Aber sie tut so. Und – seltsam: Die meisten fallen darauf rein. |
| 2 | Sie ist etwas ganz Besonderes. Sie ist wie ein Licht in der Dunkelheit, wie ein Komet am sternlosen Himmel. Sie ist in mein Leben eingeschlagen wie ein Blitz. Ich kann nichts anderes mehr denken. Ich richte mich nach ihr aus, sie ist mein Fixstern. Sie aber – ich glaube, sie weiß nicht einmal, dass ich da bin. |
| 3 | Sie ist unsere Jüngste. Ein Wirbelwind. Gegen zwei ältere Schwestern musste sie sich durchsetzen. Das ist nicht immer leicht. Sie aber, mit ihrem Schwung und ihren wilden Ideen: Sie geht ihren Weg. Wenn nur erst die Schule vorbei ist. Ich glaube, dann wird sie sich richtig entfalten. |
| 4 | Ihr Problem waren immer ihre roten Haare. Was hätte sie darum gegeben für so ein Durchschnittsmittelblond wie meines. Sie aber ... – na ja, jeder guckt halt hin und macht so seine Bemerkung. Da muss man wohl so werden, wie sie ist – ein bisschen zickig, anstrengend, arrogant. Ich sag euch was: Im Herzen ist sie schüchtern. |
| 5 | So eine von denen, die noch nicht wissen, worauf es ankommt. Über die neuesten Trends ist sie immer im Bild. Und sie weiß als Erste, was läuft. Aber die Hausaufgaben bleiben liegen, tja, und dass man sich beim Lernen auch mal quälen muss ... Sie ist nicht dumm. Für Durchschnitt reicht es immer. Aber schade ist es doch. Ich wette, in ihr liegen Talente, die sie einfach nicht nutzt. |
| 6 | Ich kann nichts über sie sagen. Ich liebe sie eben und sie liebt mich. Und damit ist alles gesagt. |

- ▶ Hier sind sechs Beschreibungen ein und desselben Mädchens. Schreibe hinzu, wer jeweils spricht: In welcher Beziehung steht er/sie zu dem Mädchen?
- ▶ Gib eine eigene Beschreibung von dem Mädchen (Rückseite oder Extra-Blatt).
- ▶ Übe, zwei der Texte so vorzutragen, dass jeweils die Gefühle für das Mädchen ganz deutlich werden.
- ▶ Gib den Texten eine Überschrift.

# Station 2: Es ist ... (Block A)

Ein Biologe, ein Möbeltischler, ein Bildhauer, ein romantischer Dichter, ein moderner Dichter und ein verliebter junger Mann beschreiben einen alten Baum (der junge Mann hat dort seinen geheimen Treffpunkt).

- Schreibe sechs verschiedene Texte über den Baum.
- Gib den Texten eine Überschrift.

# Station 3: Wir sind ... (Block A)

| | |
|---|---|
| Ingo: Der Mensch kann denken, das unterscheidet ihn vom Affen. | Anton: Der Mensch ist ein verhängnisvoller Irrtum der Natur. |
| Lisa: Der Mensch kann grausamer sein als jedes Tier. | Marie: Der Mensch war gut gedacht, aber er hat nicht viel daraus gemacht. |
| Ina: Der Mensch kennt drei Zeiten: Vergangenheit, Gegenwart, Zukunft. | Tim: Der Mensch ist Gottes geliebtes Kind; da kann er noch so ungezogen sein. |
| Klaus: Es gibt nur einen perfekten Menschen, das ist Jesus Christus. | Eddi: Die Welt wäre besser, wenn die Menschen Gänseblümchen wären. |

In einer Klasse wurde darüber diskutiert, was das Besondere am Menschen ist. Oben liest du einige Thesen der Schülerinnen und Schüler.

▶ Wähle drei davon aus. Trage ein: Wer spricht? Welche Erfahrung steckt dahinter? Wie stehst du dazu?

| Name | Erfahrung | Meine Meinung |
|---|---|---|
| | | |
| | | |
| | | |

# Station 4: Ich bin ... (Block A)

| | |
|---|---|
| Anne, 72: Ich habe viel Kummer in meinem Leben erfahren. Mein Mann ist tot und auch mein ältester Sohn. In allem Unglück habe ich aber auch immer wieder Trost erfahren und neue Kraft bekommen. | Jens, 18: Das war's dann wohl. Von der Schule geflogen, keine Berufspläne, pleite. Ich frage mich: Was hat das Leben für einen Sinn? Für mich ist es wie eine Lotterie. Und ich habe verloren. |
| Bianca, 14: Zum ersten Mal verliebt: Wisst ihr, wie das ist? Auf einmal ist das ganze Leben wie in Gold getaucht.<br>Gib mir mehr davon. Es ist herrlich! | Leon, 32: Rückwärts gesehen ist es eigentlich erstaunlich, was mir alles gelungen ist. Wie ich meine Frau fand, den richtigen Job. Und morgen taufen wir unseren Kleinen ... |
| Ilka, 17: Ist doch ein ewiges Rauf und Runter, das Leben. Ich sehe keinen Plan. Aber es macht Spaß. (Ich mag nun einmal Achterbahnen.) | Betti, 15: Ich frage mich immer, wie das sein wird, wenn ich tot bin. Ist dann alles aus? Oder stimmt es, was man sagt: Die Liebe ist stärker als der Tod? Das würde mir gefallen. |

Sechs Menschen antworten auf die Frage nach dem Sinn des Lebens.

▶ Wähle zwei Antworten aus. Trage ein: Wer spricht? Welche Erfahrung steckt dahinter? Wie stehst du dazu?

| Name | Erfahrung | Meine Meinung |
|---|---|---|
| | | |
| | | |

# Station 5: Vor Gott (Block A)

Erde unser
Gibt's einen Gott, war er es auch,
der ihn schuf, unsern schönen Planeten.
Wir machen ihn arm. Wir bringen ihn um.
Wie wagen wir noch zu beten?



▶ Schreibe zu jedem Vers einen Kommentar: Was dir auffällt – deine Meinung – Beispiel oder Gegenbeispiel. Schreibe ein Fazit: An wen richtet sich das Gedicht? Welche Stimmung drückt es aus? Was will der Dichter mit dem Gedicht erreichen?

| | |
|---|---|
| Erde unser | |
| Gibt's einen Gott, war er es auch, | |
| der ihn schuf, unseren schönen Planeten. | |
| Wir machen ihn arm, wir bringen ihn um. | |
| Wie wagen wir noch zu beten? | |

*Fazit*

# Station 6: Die Welt ist gut geordnet (Block B)

Und Gott sprach: Es werde Licht!
Und es ward Licht.

Und Gott sah alles an, was er gemacht hatte,
und siehe, es war sehr gut.

So beginnt und endet das erste Kapitel der Bibel – mit einer Deutung von Priestern, die die Welt ansahen und sagten: So muss es wohl gewesen sein.

▶ Lies nach: 1 Mose 1. Schreibe Ausdrücke heraus, die sich wiederholen (vergleiche das Beispiel: Tag 1).

| Tag 1 | Licht | sprach ... und es ward \| nannte \| aus Abend und Morgen |
|---|---|---|
| Tag 2 | | |
| Tag 3 | | |
| Tag 4 | | |
| Tag 5 | | |
| Tag 6 | | |

▶ Lies weiter: 1 Mose 2,1–4: Welche Bedeutung hat der siebte Tag?

| Tag 7 | |
|---|---|

▶ Formuliere ein Fazit. Was für ein Weltbild hatten die Priester, die diese Schöpfungsgeschichte aufgeschrieben haben: a) Was war ihnen wichtig? b) Was erhofften sie von Gott? c) Wie sahen sie den Menschen?

| a) Wichtig: | |
|---|---|
| b) Gott: | c) Mensch: |

# Station 7: Die Erde ist ein Paradies (Block B)

Da machte Gott der Herr
den Menschen aus Erde vom Acker
und blies ihm den Odem des Lebens in die Nase.

So steht es in der zweiten Schöpfungserzählung der Bibel; sie ist älter als die erste und geht von anderen Erfahrungen aus.

▶ Lies nach: 1 Mose 2,4–9.15–25. Mache dir Notizen: In welchem Zustand ist die Welt? Was tut Gott? Was tut der Mensch?

| Vers | Zustand | Gott | Mensch |
|---|---|---|---|
| 5 | | | |
| 6 | | | |
| 7 | | | |
| 8–9 | | | |

| Vers | Zustand | Gott | Mensch |
|---|---|---|---|
| 15–17 | | | |
| 18–20 | | | |
| 21–23 | | | |

▶ Formuliere ein Fazit. a) Was für ein Weltbild hatten die Erzähler dieser Schöpfungsgeschichte? b) Was dachten sie von Gott? c) Wie sahen sie den Menschen?

| a) Welt: | |
|---|---|
| b) Gott: | c) Mensch: |

# Station 8: Die Erde ist ein verlorenes Paradies (Block B)

Und er (Gott) trieb den Menschen hinaus
und ließ lagern vor dem Garten Eden
die Cherubim mit dem flammenden,
blitzenden Schwert ... (1 Mose 3,24)

So endet nach der Erzählung, die dem zweiten Schöpfungstext folgt, das Leben der Menschen im Paradies.

- Lies nach: 1 Mose 3,1–12. Beschrifte die Denk- und die Sprechblasen (in die Denkblasen gehören die wahren Motive und Absichten, in die Sprechblasen das, was nach außen hin zugegeben wird!).

- Mit deinen Worten: Was geht hier eigentlich schief?

# Station 9: Das Leben der Menschen ist „Sorge" (Block B)

Eines Tages ging die Göttin Cura (Sorge) über einen Fluss. Da sah sie vor sich auf der Erde eine Schicht Lehm. In Gedanken versunken nahm sie ein Stück davon und formte daraus eine Gestalt.

Während sie noch betrachtete, was sie da geschaffen hatte, trat Jupiter (der Göttervater) hinzu. Cura bat ihn, dass er der Gestalt Geist verleihe. Das tat Jupiter gern.

Als aber Cura dem neuen Wesen ihren Namen geben wollte, widersprach Jupiter ihr und verlangte, dass das Wesen seinen Namen tragen solle. Während sie so miteinander stritten, erhob sich Tellus (Erde) und auch sie verlangte, dass das Gebilde ihren Namen tragen solle, weil sie doch ein Stück ihres Leibes dafür gegeben habe.

Weil die drei sich nicht einigen konnten, riefen sie Saturn an, damit er ihren Streit entscheiden solle. Und Saturn sagte schließlich: „Weil der Geist dieses Wesens von dir, Jupiter, stammt, sollst du bei seinem Tod den Geist empfangen. Weil du, Tellus, den Körper geschenkt hast, sollst du den Körper erhalten. Weil aber Cura es gebildet hat, soll sie es besitzen, solange es lebt. Weil dieses Wesen aber vom Boden der Erde (lateinisch: humus) genommen ist, soll es Mensch (lateinisch: homo) heißen und so von der Erde seinen Namen erhalten."

Hygin, Fabulae

Der lateinischsprachige Sammler alter Mythen und Sagen, Hygin, erzählt hier eine Geschichte von der Erschaffung des Menschen.

▶ Lies und mach dir Notizen; beschreibe auch, welche Erfahrungen mit dem Mensch-Sein in diese Geschichte eingeflossen sind.

| Name der Gottheit | Anteil der Gottheit an der Erschaffung des Menschen | Erfahrung des Erzählers mit dem Mensch-Sein |
|---|---|---|
| Cura | | |
| Jupiter | | |
| Tellus | | |

# Station 10: Zufall, Kampf, guter Wille? (Block B)

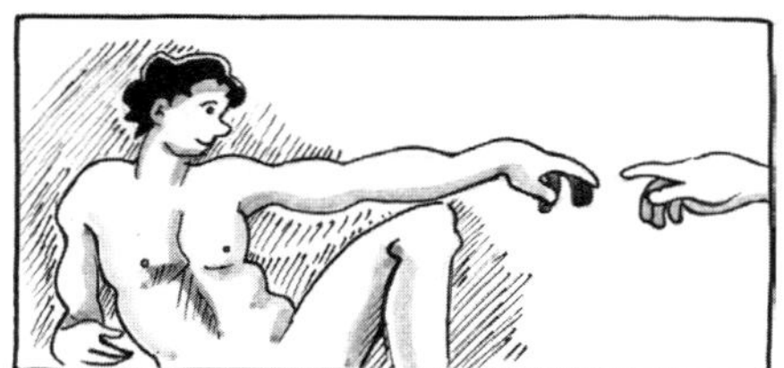

Jeder, der über die Entstehung der Erde, der Lebewesen oder des Menschen spricht, spricht über etwas, das er nicht gesehen und erlebt hat, das er nicht „wissen", sondern nur deuten kann. DASS er da ist, ist Wirklichkeit – wie es dazu gekommen ist, hängt davon ab, wie die Welt und sein Leben ihm vorkommen, wie er sie versteht, wie sie ihm erscheinen.

- Informiere dich über die „Urknall-Theorie" und über Darwins Lehre von der Entstehung der Arten (Internet, Lexika).
- Übertrage die Tabelle auf ein größeres Blatt/Plakat.
- Formuliere jeweils:
  - Welche Fragen klärt die Theorie, welche nicht?
  - Vergleiche mit religiösen Schöpfungserzählungen.

| Theorie | Welche Aussagen werden gemacht? | Welche Fragen werden beantwortet? |
|---|---|---|
| „Urknall" | | |
| „Darwin" | | |
| Religion | | |

# Station 11: Ortswechsel (Block C)

Im Gewölbe der sixtinischen Kapelle in Rom findet sich ein berühmtes Schöpfungsmotiv des italienischen Künstlers Michelangelo: „Die Erschaffung des Adam". Verschaffe dir einen Eindruck von dem Gemälde (Internet, Kunst-Band) und beschreibe es.

▶ Ordne Gott und Adam Adjektive aus dem Wortspeicher zu; ergänze weitere:

| | Gott | Adam |
|---|---|---|
| kraftvoll, jung, mächtig, unschuldig, schlaff, alt, muskulös, leicht übergewichtig, schwungvoll, gelangweilt | | |
| | | |
| | | |
| | | |
| | | |
| | | |

Ein Tabak-Konzern verwendet für seine Plakatwerbung u. a. das Michelangelo-Motiv. Das Plakat zeigt zwei Maler, die die berühmte Schöpfungsszene in einer öffentlichen Toilette an die Wand malen.

▶ Nimm dazu Stellung. Entwirf einen Leserbrief oder eine E-Mail an die Werbeabteilung des Konzerns.

# Station 12: Zeitenwechsel (Block C)

1953

1966

1972

- Betrachte die drei Bilder; entdecke, was sich im Lauf der Zeit verändert hat. Zeichne dazu ein weiteres Bild: 2050.
- Bewerte die Veränderungen: 😐 ☹ ☺

# Station 13: Gottes Auftrag (Block C)

Und Gott segnete sie und sprach: Seid fruchtbar und mehret euch und füllet die Erde und machet sie euch untertan und herrschet über die Fische im Meer und über die Völker unter dem Himmel und über das Vieh und über alles Getier, das auf Erden kriecht. 1 Mose 1,28

Und Gott der Herr nahm den Menschen und setzte ihn in den Garten Eden, dass er ihn bebaute und bewahrte. 1 Mose 2,15

In beiden Schöpfungsgeschichten wird auch erzählt, dass Gott den Menschen einen Auftrag gibt – einen Auftrag, der leicht missverstanden werden kann.

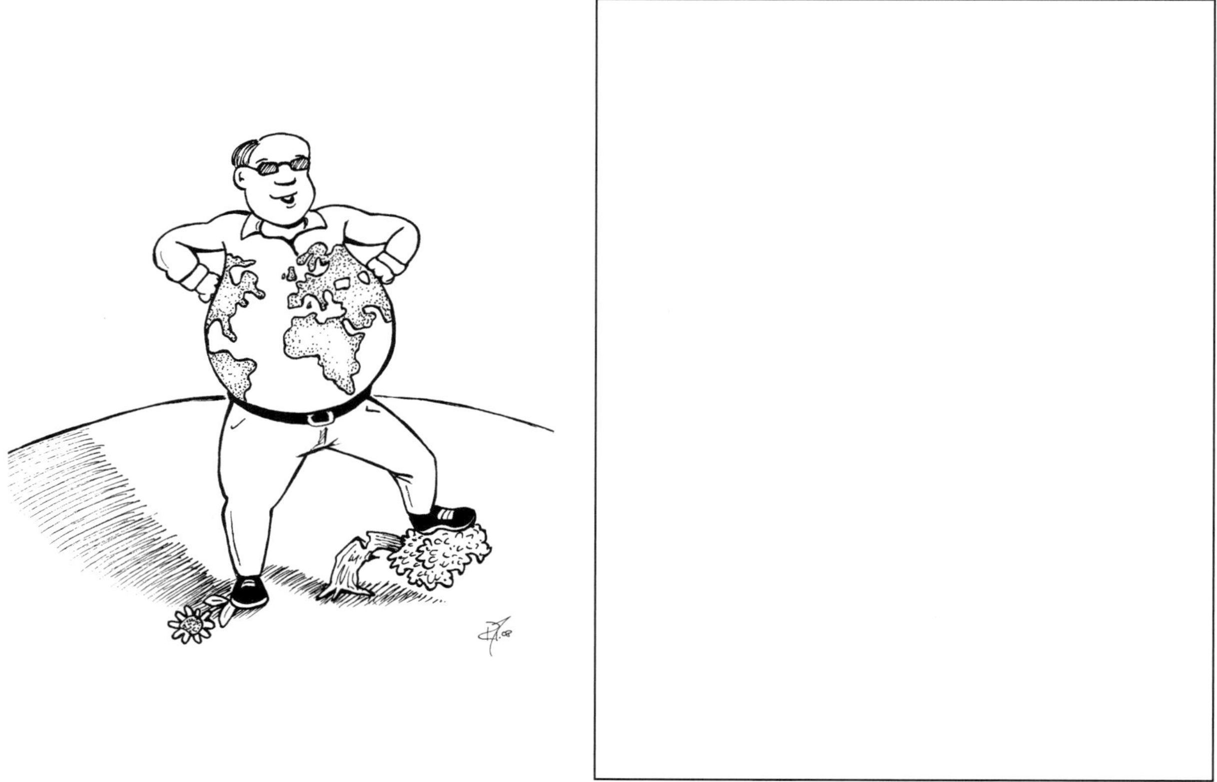

▶ Lies die beiden Bibeltexte und untersuche den Zusammenhang: Schreibe Hinweise heraus, die deutlich machen, wie Gott sich den Umgang mit der Welt vorstellt.

| | Hinweise auf Gottes guten Willen |
|---|---|
| 1 Mose 1 | |
| 1 Mose 2 | |

▶ Zeichne ein Gegen-Bild zu der Karikatur: Wie war es denn gemeint?

# Station 14: Umdenken (Block C)

Weissagung der Cree-Indianer:

Erst wenn der letzte Baum gerodet, der letzte Fluss vergiftet, der letzte Fisch gefangen ist, werdet ihr feststellen, dass man Geld nicht essen kann.

Menschen, die unmittelbar in, mit und von der Natur leben, wie zum Beispiel die Ureinwohner der beiden Amerikas, Australiens, Ozeaniens, haben längst vor den Risiken der kommerziellen Ausbeutung und Vermarktung der natürlichen Ressourcen der Erde gewarnt. Heute stehen wir vor den Folgen der Umweltzerstörung und verstehen allmählich, wie wichtig es ist, die Umwelt zu schützen.

▶ Schreibe Themen, Ziele und Ideen des Umweltschutzes auf Kärtchen. Sortiere sie dann (Clustern!) – und zeichne dein Ergebnis hier auf:

## Station 15: Ruhe oder Sabbat (Block C)

▶ Mach mal Pause. Setz dich bequem hin und male das Mandala aus.

9./10. Klasse

# Frauen in der Nachfolge Jesu: von Maria Magdalena bis Ela Gandhi

## *Thematisches Stichwort*

Nimmt man sich des Themas „Nachfolge Jesu“ an, so denkt man zuerst an die Berufung der Jünger (Markus 1,16–20). Aber die Frage „(Wem) folgst du nach?“ stellt sich allen Menschen, Männern oder Frauen. In diesem Kapitel wird der Schwerpunkt auf Frauen gelegt, die Jesus in unterschiedlichster Weise nachfolgen.

Das Thema ist in drei Zeitabschnitte (Blöcke) aufgeteilt: „Frauen der Bibel“, „Frauen im Mittelalter“ und „Frauen der Neuzeit“. Alle ausgewählten Frauengestalten verbindet, dass sie aus den zu ihrer Zeit geltenden Konventionen ausbrechen. Sie sind mutig und engagiert, selbst wenn es ihr Leben gefährdet oder gar beendet.

Sie suchen die Begegnung mit den Ärmsten der Armen und finden so ihre Nähe zu Jesus Christus, gemäß seinem Gerichtswort (Mt 25,40b): Was ihr getan habt einem von diesen meinen geringsten Brüdern, das habt ihr mir getan.

Neben der Frage der Nachfolge werden Themen wie „Frauen in der Bibel“, „Heilige“ und „Diakonie“ berührt. Auch die Auseinandersetzung mit dem eigenen Glauben findet ihren Platz; jede und jeder ist gefragt: Wem folgen wir heute nach?

## *Kompetenzen*

Die Schülerinnen und Schüler

- ▷ kennen die Geschichten beispielhafter Frauengestalten der Bibel und der Kirchengeschichte und können sie nacherzählen;
- ▷ können die Biografien der Frauengestalten in ihren historischen Kontext einordnen und das Besondere der Viten herausarbeiten;
- ▷ können den Eindruck schildern, den starke Frauen auf ihre Umwelt mach(t)en;
- ▷ können über ihre eigene Glaubenssituation reflektierend Auskunft geben und sich dazu äußern, wem sie nachfolgen (können/wollen).

## *Literatur*

Jürgensen, E.: Frauen und Mädchen in der Bibel, Freiburg i. B. 1997

### *Zu den Stationsvorschlägen*

Sie finden hier nur 10 anstatt – wie bisher – bis zu 15 Stationen; entsprechend der Komplexität der einzelnen Themen und dem Alter der Sch. wird zu den einzelnen Stationen deutlich mehr Stoff angeboten. Entsprechend länger werden sich die Sch. mit jeder Station beschäftigen.

Es empfiehlt sich, pro Stunde oder Doppelstunde jeden Sch. bzw. jedes Paar oder jede Kleingruppe nur eine einzige Frauen-Vita erarbeiten zu lassen und dann viel Zeit zum gegenseitigen Präsentieren vorzusehen.

# Station 1: Maria Magdalena (Block A)

Maria aus Magdala am See, besser bekannt als Maria Magdalena, gehörte zum engeren Freundeskreis Jesu. In allen Evangelien wird sie erwähnt. Nachdem Jesus ihr sieben Dämonen ausgetrieben hatte, schloss sie sich ihm an. Sie wanderte gemeinsam mit den anderen von Ort zu Ort. Die Frauen sorgten dabei für den Lebensunterhalt Jesu.

Gemeinsam mit Jesus und den Jüngern zog Maria Magdalena nach Jerusalem, wo sie auch während seines Sterbens am Kreuz bei ihm blieb. Sie gehörte zu den Frauen, die an seinem Grab wachten, um den Leichnam einbalsamieren zu können. Da erschien ihnen der Engel und sprach: „Fürchtet euch nicht! Ich weiß, dass ihr Jesus, den Gekreuzigten, sucht. Er ist nicht hier; er ist auferstanden, wie er gesagt hat" (Mt 28,5–6).

Maria Madgalena war die Erste, der der auferstandene Christus begegnete. Sie erhielt von ihm den Auftrag, die gute Nachricht von der Auferstehung Jesu den Jüngern weiterzusagen.

▶ Vergleiche die Texte a) Mt 27,57–66; 28,1–10, b) Joh 19,25; 20,11–18. Mache dir Notizen:

| | Verhalten | Beziehung zu Jesus |
|---|---|---|
| a) | | |
| b) | | |

▶ Schreibe einen Dialog (Extra-Blatt): Maria Magdalena erzählt einer der anderen Frauen in der Jüngerschaft von ihrer Begegnung mit dem Auferstandenen.

# Station 2: Lydia (Block A)

## *Lied der Lydia*

Ich habe den Duft der Rosen geliebt:
Ich liebte das rauschende Meer.
Ich habe es mehr als alle gewollt;
verkaufte Purpur für blankes Gold.
Mein Terminplan war niemals leer.
Ich habe meine Trümpfe ausgespielt
und habe das Leben geliebt.
Ich habe nur an mich selbst gedacht
und habe die Zeit wie im Rausch verbracht
und genommen, was das Leben gibt.

Ich habe gesucht,
du hast mich gefunden
und hast mir das Herz aufgetan.
Ich habe erkannt,
dass mein Leben ein Trug war,
ein leerer, flüchtiger Wahn.

Ja, ich danke dir, Jesus,
denn durch deine Liebe
fing mein Leben erst wirklich an.

Ich liebe den Duft der Rosen wie einst;
ich liebe das rauschende Meer.
Und habe ich früher alles gewollt,
dein Wort macht mich reicher als Gold;
mein Herz ist nun nicht mehr leer.

Ich habe gesucht ...



Das Lied aus dem Paulus-Oratorium von Siegfried Fietz ist einer Frau in den Mund gelegt, die in der Apostelgeschichte einmal erwähnt wird: Apg 16,11–15.

▶ Lies den Bibeltext und vergleiche: Was ist aus ihm zu belegen, zu schließen, was ist hinzuerfunden. Mach dir eine Tabelle (Rückseite des Arbeitsblatts).

| Parallelen Lied – Apg | Aus Apg zu schließen | Über Apg hinaus |
|---|---|---|
| | | |

▶ Was ändert sich nach der Bekehrung in Lydias täglichem Leben? Entwickle zwei Spielszenen: a) vor der Begegnung mit Paulus, b) ein Jahr danach.

# Station 3: Thekla (Block A)

## *Die Legende von Thekla*

Es war in Ikonium, etwa im Jahr 45 n. Chr. Paulus predigt im Haus des Onesiphorus. Nebenan wohnt die Witwe Theoklia mit ihrer Tochter Thekla. Theklas Hochzeit mit Thamyris steht bevor. Thekla hört Paulus zu und auf einmal will sie nicht mehr heiraten. Theklas Mutter ist entsetzt und sorgt dafür, dass Paulus verhaftet wird.

In der Nacht schleicht sich Thekla in Paulus' Gefängniszelle. Als er dem Richter vorgeführt werden soll, wird Thekla bei ihm entdeckt. Man ist empört. Man verlangt eine Strafe für das ungehorsame Mädchen. Auf dem Scheiterhaufen soll sie verbrannt werden. Bevor aber die Flammen Thekla verletzen, geschieht ein Wunder: Ein Platzregen löscht das Feuer, eine Wolke verwehrt den Zuschauern die Sicht.

In Männerkleidern flieht Thekla mit Paulus nach Antiochia. Unterwegs begegnen sie dem Syrer Alexander, der sich in Thekla verliebt. Wieder weigert sie sich zu heiraten. Paulus lässt sie in dieser Lage im Stich. Thekla wird erneut verurteilt, diesmal zum Tierkampf in der Arena.

Die erste Löwin, die auf Thekla losgelassen wird, greift nicht an, sondern legt sich dem Mädchen zu Füßen. Sie verteidigt Thekla gegen weitere wilde Tiere. Aber es kommen immer mehr. Thekla, die noch nicht getauft ist, springt in den Wassergraben, der die Arena von den Zuschauerrängen trennt. Sie will nicht ungetauft aus dem Leben scheiden.

Das Publikum ist beeindruckt. Auf einmal sind viele auf Theklas Seite. Sie werfen betäubende Kräuter in die Arena. Die wilden Tiere schlafen ein. Thekla wird gefragt: „Was macht dich so mutig?" Thekla spricht von Jesus Christus. Der Statthalter gibt sie frei.

Und Paulus? Wieder will Thekla ihm folgen, aber wieder scheint Paulus zurückzuschrecken. Er schickt sie zurück nach Ikonium, wo sie eine Art Orden für nicht verheiratete Mädchen gründet.

Die Legende gehört zu der Heiligen Thekla, die in der katholischen und in der orthodoxen Kirche verehrt wird. **Recherchiere** (z. B. www.heiligenlexikon.de) ihre besonderen Attribute und Zuständigkeiten.

Die Legende hat Züge eines Dramas; **entwirf eine Aufführung**: Akte, Rollen, Requisiten, Dialoge.

Oder:

In der Apostelgeschichte der Bibel steht von Thekla kein Wort. Kann es Gründe geben? **Führe ein fiktives Interview** mit dem Verfasser der Apostelgeschichte über die Rolle, die Paulus in Theklas Geschichte gespielt hat.

# Station 4: Elisabeth von Thüringen (Block B)

*Ihr Leben*

**Elisabeth von Thüringen, 1207–1231**

Kinder
1222 Hermann
1223 Sophie
1227 Gertrud

### Kindheit und Familie

1207 Geburt in Ungarn; Königstochter

1211 Verlobung mit dem Sohn des Landgrafen Hermann von Thüringen; Übersiedlung an dessen Hof

### Ehe

1220 Hochzeit mit Landgraf Ludwig IV

1227 Ludwig auf Kreuzzug (mit Kaiser Friedrich II; er stirbt an einer Seuche)

### Nach ihrem Tod

1232 Konrad von Marburg eröffnet das Heiligsprechungsverfahren

1233 Konrad von Marburg wird ermordet

1235 Heiligsprechung durch Papst Gregor IX

1235 Grundsteinlegung der Elisabeth-Kirche in Marburg

1236 Umbettung ihrer Gebeine in einen Schrein

1283 Weihung der Elisabeth-Kirche

### Glaube und Taten

Schon als Kind häufige Kirch-Besuche

1226 Konrad von Marburg wird ihr Beichtvater; sie gelobt, unverheiratet zu bleiben, wenn Ludwig sterben sollte

1226 Hungersnot: Elisabeth lässt die Vorratsspeicher öffnen

Verzicht auf „Luxus"

Ludwigs Verwandte wollen Elisabeth nicht mehr auf der Wartburg dulden – zu große Nähe zu den Armen

1227/8 im Winter allein in Eisenach

1228 Kloster in Kitzingen

1228 Konrad von Marburg als „geistlicher Beschützer"; setzt Vermögensansprüche durch

1228 Marburg: Sie gründet Hospital zur Kranken- und Armenpflege

1229 Trennung von den Kindern; sie teilt ihr Vermögen mit den Armen

1231 Sie stirbt nach kurzer Krankheit

- Ein glücklicher Tag im Leben Elisabeths von Thüringen: Beschreibe ...
- Liebe Mutter ... – Tochter Gertrud schreibt ihrer Mutter, die sie in ein Kloster abgegeben hat.

# Station 5: Hildegard von Bingen (Block B)

Hildegard von Bingen ist eine herausragende Frauengestalt des deutschen Mittelalters. Sie gilt als erste Naturforscherin, erste Ärztin, sie war Dichterin, Komponistin und eine der größten Mystikerinnen. Daneben leitete sie zwei Klöster, hielt Predigten auf den Marktplätzen (damals unerhört!) und führte einen umfangreichen Briefwechsel, u. a. mit Kaiser Friedrich Barbarossa und dem Papst.

1160 reiste Hildegard mit einer besonderen Botschaft nach Köln: Sie ermahnte den Klerus, weil er unzüchtig lebe. Nach ihrem Auftritt in Köln richtete sie ein Schreiben an den Domdekan; hier einige Auszüge:

> Warum schämt ihr euch nicht, während doch alle anderen Kreaturen die Vorschriften, die sie von ihrem Meister haben, nicht vernachlässigen, sondern erfüllen! Ich habe euch eingesetzt wie die Sonne und die übrigen Lichter, damit ihr den Menschen leuchtet durch das Feuer der Lehre, damit ihr glänzet durch euren guten Ruf und die Herzen brennen macht.
>
> Was immer euer Fleisch verlangt, das tut ihr.
>
> Die Macht Gottes wird eure von Bosheit hochgereckten Nacken niederzwingen und zunichte machen, was wie durch Windstoß aufgebläht ist. Denn ihr erkennt weder Gott noch fürchtet ihr den Menschen noch verachtet ihr die Ungerechtigkeit so, dass ihr danach verlanget, sie in euch zu vernichten.
>
> Allein, ihr seid zu Boden geworfen und seid kein Halt für die Kirche, sondern flieht in die Höhle eurer Lust.
>
> Ihr solltet eine Feuersäule sein, den Menschen vorauszuziehen, sie aufzurufen, gute Werke vor ihren Augen zu tun, und sprechen: „Ergreift die Zucht, damit der Herr nicht zürnt und ihr zugrunde geht, fernab vom rechten Weg."

Zucht, Lust, „was immer euer Fleisch verlangt" – Ginge es nur um Sex, so könnten wir diesen Brief vielleicht heute belächeln. Es geht aber um die Grundeinstellung und Lebenshaltung der Adressaten. **Schreibe den Brief so um**, dass der entscheidende Anklagepunkt klar herauskommt.

Die Kleriker in Köln waren wenig begeistert von Hildegards Aktion. Zu gern hätten sie ihr nachgewiesen, dass sie eine Ketzerin war. Überprüfe Hildegards „Bibeltreue" und **schreibe ein Gutachten**. Die folgenden Bibelstellen helfen dir; mach dir jeweils Notizen zum Inhalt.

| 2 Mose 20,2–17: | 2 Mose 13,22f.: |
|---|---|
| Jes 28,7–22: | Jes 5,1–7: |
| 1 Mose 1,14–19: | Mt 5,14–19: |

# Station 6: Klara von Assisi (Block B)

*Interview mit Klara von Assisi am 11. August 2008*

Wie heißen Sie?

Mein Name ist Chiara Favarone und ich stamme aus Assisi. Bekannter bin ich als Klara von Assisi.

Heute ist Ihr Namenstag. Da mag sich mancher fragen: Was bedeutet das?

Ich bin am 11. August 1253 gestorben. Seitdem mich Papst Alexander IV heilig gesprochen hat, ist mein Todestag der Namens- und Gedenktag der Heiligen Klara.

Erzählen Sie von Ihrer Kindheit.

Ich stamme aus einer adeligen Familie. Meine Mutter Ortulana betete, als sie schwanger war, um Gottes Beistand bei der Geburt. Da hörte sie eine Stimme, die sagte: „Du wirst ein Licht gebären, das die Welt hell erleuchten wird." So hat sie mir den Namen Klara, die Helle, Lichtvolle, gegeben. Meine Eltern gaben mir die Möglichkeit, lesen und schreiben zu lernen. Das war etwas Besonderes, ich bin ihnen dankbar. Schwierig wurde es mit ihnen, als ich fünfzehn war. Denn ich weigerte mich, zu heiraten. Ich suchte einen anderen Weg. Ich wollte nicht leben wie meine Familie.

Viele verbinden Ihren Namen mit dem von Franz von Assisi. Wie lernten Sie ihn kennen?

Während eines Gottesdienstes hatte Franz eine Vision. Er änderte sein Leben radikal und versuchte, so zu leben, wie Jesus es seinen Jüngern mit auf den Weg gegeben hatte. Im Laufe der Zeit schlossen sich ihm weitere Männer an, darunter mein Vetter Rufinus. Diese Männer lebten wirklich so, wie Jesus es gepredigt hatte. Sie brachen mit ihrem bisherigen Leben, mit Besitz und Geld und ihren Familien. Den Erlös aus ihrem Erbe verteilten sie an Arme und lebten selbst in völliger Armut. Durch meinen Vetter lernte ich Franz kennen. Über zwei Jahre traf ich mich heimlich mit ihm und er zeigte mir den Weg, den ich suchte: Christus folgen! 1212, als ich 18 war, trat ich der Bußgemeinschaft bei. Ich floh aus meinem Elternhaus in die Portiuncula-Kapelle unterhalb der Stadt. Ich nahm das Bußgewand und Franz schnitt mir das Haar. Ich legte die Gelübde ab: Armut, Keuschheit und Gehorsam.

Wie ist Ihr Leben weitergegangen?

Kurz nach meinem Eintritt in die Gemeinschaft folgte mir meine Schwester Agnes. Bald kamen weitere Frauen hinzu. Franz gründete für uns den „Orden der armen Frauen". Die Benediktiner überließen uns die Kirche San Damiano. Die Gemeinschaft wuchs. Was mich betrifft: 1224 wurde ich krank und auch nicht wieder richtig gesund. Zwei Jahre später starb Franz. Ich habe dennoch nie das Vertrauen in Gott verloren. Ich weiß, dass meine Gebete ihn immer erreichen. Als 1240 das Kloster von Sarazenen angegriffen wurde, habe ich vertrauensvoll gebetet. Das Gleiche habe ich ein Jahr später bei der Belagerung unserer Stadt getan. Beide Male haben sich die Angreifer sofort zurückgezogen.

Es gibt feste Regeln für den „Orden der armen Frauen". Wie sind sie entstanden?

1247 habe ich begonnen, unsere Regeln schriftlich festzuhalten. Unser Leben ist völlig auf die Nachfolge Christi ausgerichtet. Diese Christus-Nachfolge findet ihren Ausdruck im Mit-Leiden, Mit-Tragen, Mit-Gehen und Mit-Leben mit der gesamten Schöpfung. Wir wollen nichts für uns und sind frei für

Gott. Zwei Tage vor meinem Tod (1253) hat Papst Innozenz IV unsere Regeln bestätigt. Er tat sich schwer mit dem Ideal der vollkommenen Armut und Besitzlosigkeit unserer Gemeinschaft. Es sind die ersten Ordensregeln der Kirchengeschichte geworden, die von einer Frau für Frauen geschrieben wurden.

**Abschließend habe ich noch eine Frage: Wie sollen junge Menschen heute Jesus Christus nachfolgen?**

Klaras Mutter auf die Frage,
ob denn ihre Tochter
das verheißene „Licht" geworden sei:

▶ Beantworte die letzte Frage, indem du Regeln verfasst – für eine Gemeinschaft, wie du sie dir vorstellen kannst.

| | |
|---|---|
| | |
| | |
| | |
| | |
| | |

# Station 7: Edith Stein (Block C)

Edith Stein wird 1891 als jüngstes von elf Kindern in eine jüdische Familie geboren. Sie gilt als hoch begabte Schülerin und Studentin. Im Philosophiestudium lernt sie das Neue Testament kennen und ist begeistert. Nachdem sie die Schriften Teresas von Aquila studiert hat, entscheidet sie sich für den katholischen Glauben. Am 22.1.1922 wird Edith Stein getauft. Sie engagiert sich als Referentin und Schriftstellerin in den großen katholischen Verbänden. 1933 wird ihr die Lehrtätigkeit verboten, weil sie für das Dritte Reich noch immer als Jüdin gilt. Daraufhin tritt sie ins Kloster ein und sagt dazu: „Ich bin jetzt an dem Ort, an den ich längst gehöre." 1938 siedelt sie in ein niederländisches Kloster über, wo sie 1942 verhaftet und nach Auschwitz deportiert wird. Acht Tage später wird sie vergast. Edith Stein ist die erste Katholikin jüdischer Abkunft, die von der katholischen Kirche heilig gesprochen wurde.

| Zitate |
| --- |
| Der Herr über Leben und Tod spricht: Folge mir! Er spricht es auch für uns und stellt uns vor die Entscheidung zwischen Licht und Finsternis. |
| Wir sollten jeden Tag wie ein neues Leben beginnen. |
| Ich nehme, was kommt, und bitte nur, dass mir die nötigen Fähigkeiten dazugegeben werden. |
| Legen Sie alle Zukunftssorgen getrost in Gottes Hand und lassen Sie sich vom Herrn ganz wie ein Kind leiten. |
| Natürlich ist Religion nicht nur etwas für den stillen Winkel und für einige Feierstunden, sondern sie muss Wurzel und Grund allen Lebens sein. |
| Ich bin nur ein Werkzeug des Herrn; wer zu mir kommt, den möchte ich zu ihm führen. |
| Nicht du allein machst Tag für Tag vieles verkehrt; das tun wir alle. |
| Alles im Erdenleben Jesu hat vorbildhafte Bedeutung, da es nur unseretwegen gelebt wurde. |
| Es ist eine gute Schule der Demut, wenn man ständig Dinge zu tun hat, die man mit großer Mühe nur sehr unvollkommen fertigbringt. |

▶ Entwirf ein Interview mit Edith Stein. Verwende für ihre Antworten „Stoff" aus den hier gesammelten Originalzitaten.

# Station 8: Mutter Teresa (Block C)

„Ich bin nicht für den großen Weg, die Dinge zu tun. Worauf es uns ankommt, ist der Einzelne. Wir sind keine Krankenschwestern, wir sind keine Sozialarbeiter, wir sind Nonnen." (Mutter Teresa gegenüber Kritikern, die das Laienhafte und Unpolitische ihrer Arbeit anprangern)

| | |
|---|---|
| | 1997 erhält Mutter Teresa den Friedensnobelpreis. |
| | 1948 verlässt sie mit Erlaubnis des Papstes den Konvent und arbeitet allein in den Slums. Im selben Jahr wird sie indische Staatsbürgerin. |
| | Gründung des Ordens der „Missionarinnen der Nächstenliebe" in Kalkutta (1950). |
| | Im Alter von 18 Jahren entschließt sie sich, Nonne zu werden, und reist nach Irland, um sich den Schwestern von Loreto anzuschließen. |
| | 1931 nimmt sie den Namen Teresa an. |
| | Mit 87 Jahren stirbt Mutter Teresa in Kalkutta (5.9.1997). |
| | 1952 eröffnen sie das Kalighat-Haus für die Sterbenden in Kalkutta. |
| | Am 10.9.1937 entschließt sie sich, ihr Leben den Ärmsten der Armen zu widmen („der wichtigste Tag meines Lebens"). |
| | Im März 1997 gibt Mutter Teresa die Leitung des Ordens in jüngere Hände. |
| | Mit 27 Jahren erhält sie ihre religiösen Weihen. |
| | 1965 unterstellt Papst Paul VI. die Missionarinnen der Nächstenliebe seiner Aufsicht und erlaubt dem Orden, auch außerhalb Indiens zu arbeiten. |
| | Am 27.8.1910 wird Agnes Gonxa Bojaxhiu als Tochter eines albanischen Geschäftsmanns in Skopje geboren. |
| | 1957 beginnen die Missionarinnen der Nächstenliebe ihre Arbeit mit Leprakranken. |
| | 1929 verlässt sie Dublin und geht in den Loreto-Konvent in Darjeeling, Indien. Bald darauf unterrichtet sie Geografie an der St. Mary's High School für Mädchen in Kalkutta. |

- Mach dir eine Zeitleiste und ordne Mutter Teresas Lebenslauf.
- Schreibe einen Zeitungsartikel über ihr Lebenswerk; verwende das Zitat oben.

# Station 9: Ela Gandhi (Block C)

Ela Gandhi ist das jüngste Kind des zweitältesten Sohnes Mahatma Gandhis. Sie wurde am 1.7.1940 in Durban, Südafrika, geboren.

Sie wuchs in einem indischen Ashram in Südafrika auf. Insgesamt arbeitete sie 20 Jahre als Sozialarbeiterin. 1947 erlebte sie als Kind die Unabhängigkeitserklärung Indiens mit. Sie durfte im Dorf ihrer Großmutter die indische Flagge hissen, weil sie die nächste Verwandte von Mahatma Gandhi war. Dieses Schlüsselerlebnis führte dazu, dass sie sich im Alter von 20 Jahren der Befreiungsbewegung anschloss und dem indischen Kongress in Südafrika beitrat.

Während der Apartheid wurde Ela Gandhi ihr politisches Engagement verboten (1975). Zusätzlich wurde sie für neun Jahre unter Hausarrest gestellt. Während des Kampfes gegen die Apartheid wurde 1993 ihr Sohn getötet. Ela Gandhi berichtet, dass er in ihrem eigenen Haus erschossen wurde, als er allein zu Hause war.

Sie gehörte zu den Ersten, die Nelson Mandela vor seiner Freilassung aus dem Gefängnis treffen durften. Ela Gandhi hat sich aktiv an der Seite von Mandela für ein Ende des Apartheid-Regimes in Südafrika eingesetzt. Ganz im Sinne ihres Großvaters setzt sie sich für die Rechte von Minderheiten, für die Stärkung der Rolle der Frau und für die friedliche Lösung von Konflikten ein. Von 1994 bis 2004 war sie Parlamentsmitglied in Südafrika. 2002 erhielt Ela Gandhi den internationalen Friedenspreis der Kirchen.

Gehen, wo noch kein Weg ist: „Ich bin der Weg", sagt Jesus im Johannesevangelium (Joh 14,6). Jesus zeigt Menschen, die ihm nachfolgen, einen neuen Weg. – Trage in die Fußspuren besondere Stationen des Weges von Ela Gandhi ein:

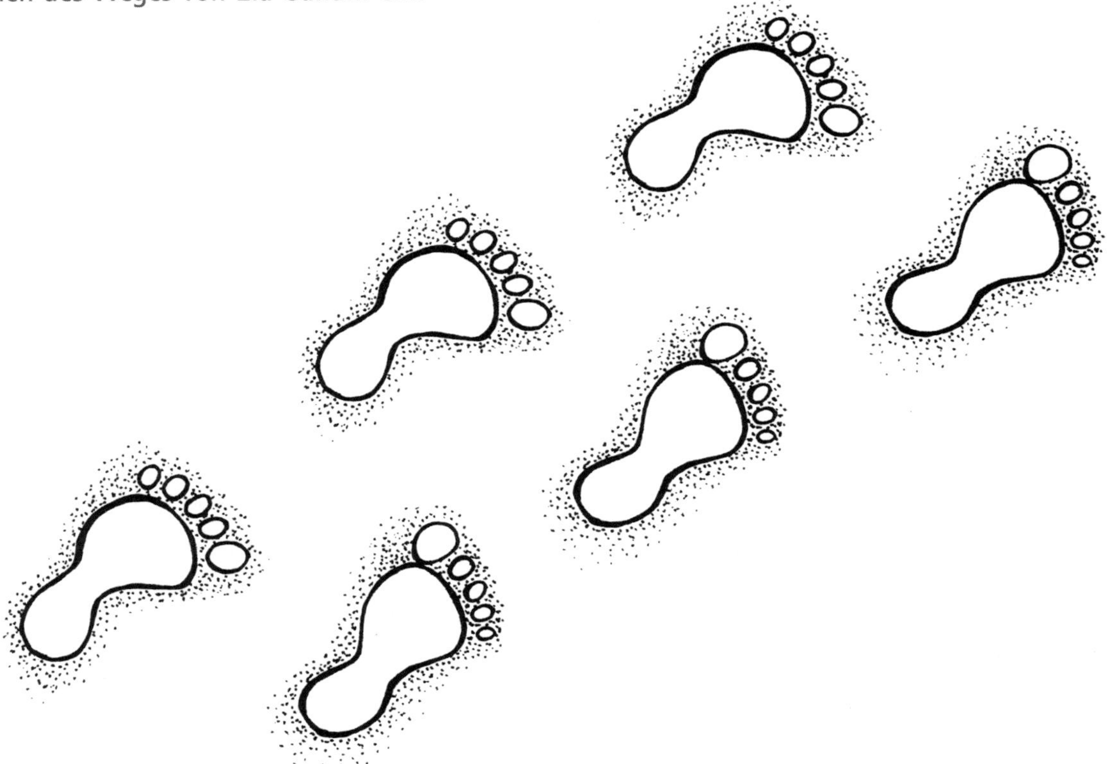

# Station 10: Nachfolge (Block A/B/C)

| | | | | N | | | | | |
|---|---|---|---|---|---|---|---|---|---|
| | | | | A | | | | | |
| | | | | C | | | | | |
| | | | | H | | | | | |
| | | | | F | | | | | |
| | | | | O | | | | | |
| | | | | L | | | | | |
| | | | | G | | | | | |
| | | | | E | | | | | |

- Finde Wörter, die zu dem Leitwort in der Mitte des Gitters passen und einen der Buchstaben N, A, C, H, F, O, L, G, E enthalten. Schreibe sie so in das Gitter, dass sie ein Kammrätsel ergeben.
- Vergleiche deine Funde mit denen deiner Mitschüler/innen.
- Schreibe Tagebuch: Wem könntest/würdest du nachfolgen, warum und wie?

9./10. Klasse

# Sterben – Tod – Trauer

## *Thematisches Stichwort*

Sterben und Tod gehören ebenso zum Menschsein wie das Leben. Diese Tatsache wird häufig aus dem eigenen Leben ausgeklammert. Tod passiert anderen Menschen oder zu einem anderen Zeitpunkt. Dagegen begegnen unsere Sch. Tag für Tag artifiziellem Sterben und Tod – im Fernsehen, in Computerspielen, im Internet und in der Musik. Doch wo wird mit Kindern und Jugendlichen offen über ihre Ängste und über Trauer gesprochen? – Umgang mit Tod und Trauer kann nicht gelehrt werden, aber der Religionsunterricht kann vielfältige Möglichkeiten der Verarbeitung anbieten, sodass Sch. künftige Leiderfahrungen bewältigen können.

Die Stationen sind so ausgerichtet, dass sowohl Fakten thematisiert werden als auch Raum für die Auseinandersetzung mit der eigenen Biografie vorhanden ist.

## *Kompetenzen*

Die Schülerinnen und Schüler

- ▷ wissen, dass Tod, Trauer und Freude Grunderfahrungen menschlichen Lebens sind;
- ▷ können verschiedene Vorstellungen über das Leben nach dem Tod vergleichen;
- ▷ können sachlich (medizinisch) Auskunft geben über Sterben und Tod;
- ▷ können Symptome der Trauer und Wege der Trauerbewältigung erläutern;
- ▷ können sich über Erfahrungen mit Sterben, Tod und Todesangst austauschen.

## *Zu den Stationen*

Sie brauchen: Musik, Zeitschriften/Kataloge für Collagen

Für die Station 8 sollte ein Kasten mit Gegenständen zur Trauerbewältigung bereitstehen: Musik, Teelichter, Fotos, Traueranzeigen, Briefpapier, Symbole für das Reden mit anderen Menschen, Fotos von Grabstellen, Blumensamen.

Fragebox: Die Sch. haben hier die Möglichkeit, ungeklärte Fragen anonym zu stellen. Für die Beantwortung der Fragen wird eine Extra-Stunde eingeplant.

## *Literatur*

Heller, B.: Aller Einkehr ist der Tod. Interreligiöse Zugänge zu Sterben, Tod und Trauer, Freiburg i. B., 2003

# Station 1: Frühes Sterben

Wenn Jugendliche jäh und plötzlich sterben, bestürzt das besonders. Angehörige, Freunde, oft die ganze Schule und der ganze Ort nehmen Anteil. – Schreibe rund um die Fotos Fragen, die den Betroffenen durch den Kopf gehen – deine Fragen – Gedanken, die du an so ein Straßenkreuz heften würdest.

# Station 2: Möglichkeiten der Bestattung

## *Infotext Erdbestattung*

Die Erdbestattung ist in Deutschland die häufigste Bestattungsart. Der Leichnam wird dabei in einem Sarg aus verrottbarem Material – meistens Holz – beerdigt. Erdgräber werden je nach Friedhofsordnung als Wahl- oder Reihengräber angeboten. Bei einem Reihengrab kann man kein Doppelgrab wählen und eine Verlängerung der Ruhezeit ist dabei normalerweise nicht möglich.

## *Infotext Einäscherung*

Nachdem der Totenschein und die Sterbeurkunde vorliegen, kann man den Verstorbenen einäschern lassen. Dabei wird der Sarg mit dem Leichnam bei Temperaturen zwischen 800 und 1000 Grad verbrannt. Es ist wegen möglicher Schadstoffentwicklung nicht gestattet, dem Sarg persönliche Gegenstände beizugeben. Die Asche kommt nach der Einäscherung in eine Urne. Sie kann auf unterschiedliche Art bestattet werden.

## *Infotext Seebestattung*

Diese Art der Bestattung setzt eine Einäscherung voraus. Angehörige können an der Beisetzung auf See teilnehmen. Bei der Seebestattung wird die Asche des Verstorbenen in einer wasserlöslichen Urne aus Zellulose, Sand- oder Salzstein der See übergeben. Die Übergabe erfolgt in gesondert ausgewiesenen Gebieten der Nord- oder Ostsee, aber auf Wunsch auch auf allen Weltmeeren.

## *Infotext Friedwald oder Baumbestattung*

Die Baumbestattung ist eine relativ neue Bestattungsart. Die Idee dazu hatte 1993 der Schweizer Ueli Sauter, der nach einer naturnahen Bestattung für einen Freund suchte. Er erfand die Bestattung im Friedwald und ließ sich die Idee in der Schweiz und in der Europäischen Union patentieren. Bei der Baumbestattung wird die Asche nach der Einäscherung im Wurzelbereich eines Baumes in die Erde eingebracht. Das kann ein eigens dafür neu gepflanzter Baum sein, aber auch ein bereits bestehender.

## *Infotext Anonyme Beerdigung*

Sowohl die Erdbestattung als auch die Einäscherung können anonym geschehen. Dabei wird der Sarg bzw. die Urne auf einem Grabfeld bestattet, das später zu einer Rasenfläche wird. Es gibt keinen Grabstein, keinen Blumenschmuck und Angehörige sind meistens bei der Bestattung nicht dabei.

## *Infotext Aschenstreuwiese*

Auf dem Rostocker Westfriedhof ist die derzeit einzige Aschenstreuwiese Deutschlands. Dabei schreitet ein Urnenträger die Wiese ab und verstreut die Asche langsam mit der Hand. Die Angehörigen stehen am Rand der Rasenfläche und sehen zu. Es ist nicht gestattet, dass Angehörige selber die Asche verstreuen.

## *Infotext Diamantbestattung*

Die Diamantbestattung setzt eine Einäscherung voraus. Die Asche besteht zu ca. 30 % aus Kohlenstoff. Durch ein spezielles Verfahren wird der Kohlenstoff aus der Asche herausgelöst. Danach werden die natürlichen Entstehungsbedingungen von Diamanten simuliert. Unter enorm hohem Druck von 50000 bis 60000 Bar und einer Temperatur von 1500 bis 1700 Grad beginnt der Kohlenstoff sich zu verflüssigen und seine Struktur zu verändern. Über einen Zeitraum von vier bis acht Wochen wachsen Diamantkristalle. Durch einen entsprechenden Schliff entsteht dann ein Erinnerungsdiamant aus den sterblichen Überresten des geliebten Verstorbenen. Dieses Verfahren ist in Deutschland als Bestattungsart nicht anerkannt.

▶ Suche dir 4 unbekannte Personen aus Zeitschriften aus. Schneide sie aus und klebe sie auf ein Extra-Blatt. Klebe zu jeder Person eine Sprechblase. Beantworte für diese Personen die Frage: „Wie möchtest du beerdigt werden?"

# Station 3: Keine Angst vor dem Tod

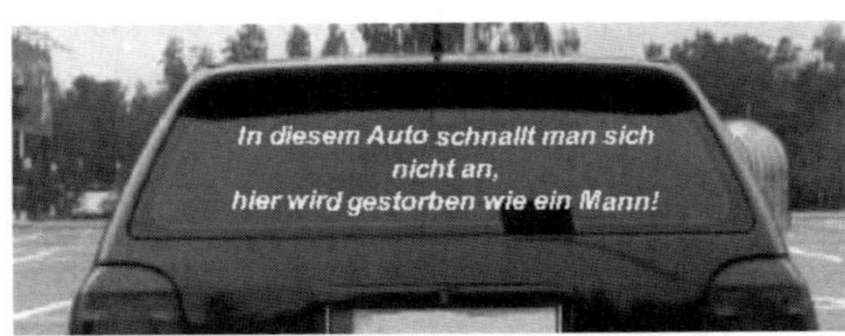


Jage nichts, was du nicht töten kannst!

Fehlende PS werden durch Wahnsinn ersetzt!

Testamentvordrucke im Handschuhfach!

Das Leben ist viel zu kurz, um ein popeliges Auto zu fahren!

No Airbag! Wir sterben wie Männer!

▶ Stell dir vor, vor dir fährt ein Auto mit so einem Aufkleber: Wie stellst du dir den Fahrer oder die Fahrerin vor? Schreibe einen Steckbrief.

# Station 4: Unsterblichkeit

Mit dem Kopf in die Zukunft!

Lassen Sie sich die beste Chance auf Unsterblichkeit nicht entgehen!!!

Nicht mehr nur in den USA, jetzt auch in Russland möglich.

Kryokonservierung für jeden!!! http://www.kriorus.ru/english.html

So lautete die Anzeige, die Annes Mutter am Samstag aus der Zeitung vorliest. „Kryokonservierung, was ist das denn? Habt ihr davon schon mal was in der Schule gehört?", fragt sie ihre Kinder. Paul schüttelt nur den Kopf und greift nach dem Sportteil. Anne ist da etwas schlauer: „Wir haben das in Vererbungslehre behandelt. Wenn man zum Beispiel eine Kuh besamt, dann macht das heute meistens nicht der Bulle selber, sondern es kommt jemand, der den tiefgefrorenen Samen eines Bullen dabei hat. Das Einfrieren von Sperma in flüssigem Stickstoff nennt man so."

„Wenn man Sperma einfrieren und wieder auftauen kann, dann kann man wohl alle Zellen einfrieren und auftauen. Aber warum sollte man sich denn einfrieren lassen?" Annes Mutter überlegt. „Vielleicht weil man nicht von Würmern aufgefressen werden will", sagt Paul. „Ich würde schon gern wissen, wie es hier in 100 oder 1000 Jahren aussieht. Das ist doch super spannend!" „Und wenn es mir nicht gefällt, dann lasse ich mich wieder einfrieren und warte auf eine noch coolere Zeit", fügt Anne hinzu. Diese Ideen gefallen der Mutter nicht. „Nein, es muss noch einen besseren Grund zum Einfrieren geben. Aber was kostet das denn überhaupt?", fragt sie.

Anne und Paul recherchieren im Internet. Die Kryokonservierung des Kopfes kostet ca. 10000 €, finden sie heraus. „Mama, die schneiden dir den Kopf ab und frieren nur den ein", ruft Anne. „Nein, du musst richtig lesen, Anne. Man kann auch den ganzen Körper einfrieren, aber das ist noch teurer", verbessert Paul. Mama überlegt noch immer: „Gut, dann kann ich meinen Kopf für 10000 € mit in die Zukunft nehmen – aber was für Menschen machen das?"

Ina Hobbie-Medeke

Unter Kryonik (griechisch für Kälte) versteht man die Konservierung von Zellen oder auch ganzen Organen. Dabei werden die Zellen mit flüssigem Stickstoff extrem schnell auf -196°C abgekühlt. Auch nach längerer Zeit nehmen einzelne Zellen keinen Schaden.
Bei der Kryokonservierung größerer Organe entstehen Schäden, die mit Gefrierbrand zu vergleichen sind. Diese Schäden sind momentan nach dem Auftauen noch nicht wieder zu beheben. Wenn dies einmal gelingen sollte, wäre es möglich, Menschen zu konservieren und in der Zukunft wieder zum Leben zu erwecken.

▶ Beschreibe eine Person und ihre Gründe, darauf zu hoffen, dass die Kryokonservierung irgendwann auch beim Menschen funktionieren wird.

# Station 5: Hoffnung auf Auferstehung und das Leben nach dem Tod

In der Bibel finden sich viele Sprüche, in denen vom Glauben an die Auferstehung und von der Hoffnung auf ein Leben nach dem Tod die Rede ist. Ebenso gibt es Sprüche, die bei der Trauerbewältigung helfen können.

▶ Schlage die Bibelstellen nach, notiere sie. Wähle den, der dir am meisten zusagt, und gestalte dazu ein Bild, eine Collage, ein Trost-Poster oder eine Beileidskarte.

| | |
|---|---|
| Römer 8,38f. | |
| Psalm 130,1 | |
| Jesaja 8,23 | |
| 1 Korinther 15,26 | |
| Johannes 3,16 | |
| Psalm 103,8 | |
| Psalm 109,21 | |
| Psalm 145,14 | |
| Psalm 27,1a | |
| Psalm 73,23 | |
| Psalm 139,5 | |
| Psalm 91,1f. | |

# Station 6: Leben nach dem Tod in den Religionen

## *Infotext Leben nach dem Tod im Christentum*

Im Christentum gilt der Tod als Folge der Vertreibung aus dem Paradies. Erst durch die Geburt und den Kreuzestod Jesu Christi ist der Zugang zum Reich Gottes wieder offen. Wer sich im Leben zu Jesus Christus bekennt, der wird nach seinem Tod in die neue Welt Gottes aufgenommen werden.

Unterschiedliche Vorstellungen haben Katholiken und Protestanten von der Zeit nach dem Sterben. Nach katholischer Tradition bedarf der Tote zunächst der Läuterung; diese geschieht im „Fegefeuer". Die Reformation lehnt diese Vorstellung ab. Für sie ist der Mensch allein durch seinen Glauben „gerecht", Gott schenkt ihm die „Gerechtigkeit". Statt Fegefeuer stellt man sich einen Schlaf vor, der bis zum Letzten Gericht am Ende aller Tage dauert. An diesem Tag wird der Mensch wieder lebendig gemacht und wird mit einem makellosen Körper auferstehen.

▶ Offenbarung 20,12.15: Lies nach und notiere Stichwörter:

## *Infotext Leben nach dem Tod im Islam*

Im Islam ist der Tod dem Leben gleichgestellt. Mit dem Tod wird der Mensch von seinen irdischen Aufgaben entlastet. Es stirbt nur der irdische Körper, die Seele ist unsterblich. Nach dem Sterben kommt der Todesengel Azrael (Arabisch Izrail), der den Körper und die Seele trennt und die Seele zu Gott führt. Nach der ersten Begegnung mit Gott kehrt der Mensch zurück ins Grab und wartet auf das Jüngste Gericht. Wenn er im Grab die Prüfung des Glaubens besteht, hört er bereits die Verheißungen des Paradieses. Sind seine Antworten falsch, beginnt die Peinigung im Grab. Die endgültige Entscheidung, ob die Seele ins Paradies oder in die Hölle kommt, wird am Tag des Jüngsten Gerichts getroffen.

▶ Ein evangelischer Christ, ein katholischer Christ und ein Muslim liegen nebeneinander in Krankenhausbetten und bereiten sich auf ihren baldigen Tod vor: Entwickle eine Unterhaltung zwischen ihnen. Oder formuliere für jeden von ihnen ein Gebet.

# Station 7: Spuren im Leben/Lebenswege

**Aufgabe**: Wie sieht dein Lebensweg bis heute aus? War der Weg ganz gerade? Gab es Sackgassen? Haben dich Menschen begleitet, die nicht mehr da sind? Ging es mal einen Berg hinauf oder in ein tiefes Tal? Male deinen Lebensweg als Landkarte. Hebe die Stationen deines Lebens besonders hervor, die dir wichtig sind.

# Station 8: Trauer

Trauer kommt und geht. Manchmal spürt man sie ganz deutlich, manchmal ist sie so gut wie weg. Besonders schlimm kann die Trauer an bestimmten Tagen werden: Am Geburtstag oder Sterbetag der verstorbenen Person, aber auch an Weihnachten sind viele Menschen traurig. Es nützt nicht viel, wenn man so tut, als hätte es den Verstorbenen nie gegeben. Auch wenn es wehtut: Es kann helfen, sich an ihn zu erinnern.

- Was kann man tun, wenn die Trauer und Traurigkeit wieder kommt? Was kann helfen? – Schreibe einem/r Freund/in, der/die in Trauer ist, einen Weihnachts-Trost-Brief.

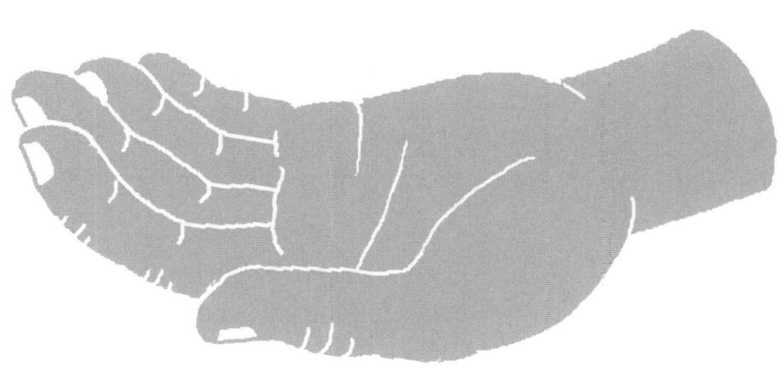



- An dieser Station findest du eine Trost- und Trauer-Schachtel. Sieh hinein und überlege, wie das, was darin ist, helfen kann. Mach dir Notizen für den anschließenden Gedankenaustausch (z. B. auf der Rückseite dieses Arbeitsblattes).

# Station 9: Symbole in Traueranzeigen

▶ Verbinde die Symbole mit ihren Bedeutungen:

| Symbol | Bedeutung |
|---|---|
|  | Hoffnung auf die Auferstehung |
|  | Zeichen für Sterben und für neues Leben. Das Korn wird im Acker beerdigt, aber es entsteht eine neue Pflanze, die größer und schöner ist als der Samen. |
| 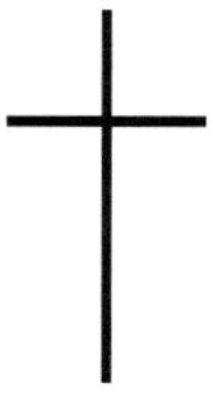 | Die betenden Hände stehen für den Wunsch nach einem Gespräch mit Gott. |
|  P X | Schönheit und Reinheit = Symbol der Gnade |
|  | Christusmonogramm mit den griechischen Buchstaben X = chi und P = Rho |
|  A · Ω | Erster und letzter Buchstabe des griechischen Alphabets. „Anfang und Ende" ist bei Gott, ist Jesus Christus. |
|  | Symbol der Liebe; Liebe, die auch über den Tod hinausgeht |